우리 아이 명품 독서 20선

초등 교과서 연계 우수 도서

우리아이 명품독서 20선

이유미 지음

사이언스주니어

머리말

저는 SMU-Tesol 대학원에서 (Teaching English to Speakers of Other Languages) '영어를 모국어로 하지 않는 사람에게 영어를 가르치는 방법(교수법)' 과정을 배우게 되었습니다. 미국인 교수님들이 가르쳐 주신 수업 방법은 저의 초·중·고 학창 시절에 배웠던 수업과는 달리 토론식 그룹 수업이었습니다. Tesol 수업에서는 학습자 중심이 되어서 주제에 대해서 자신의 생각을 표현하고, 소그룹 안에서 토론하고 발표하는 수업입니다. 저는 교수님과 프리토킹을 할 때면 머릿속으로 문장을 정리한 이후에나 말문을 열었고, 교수님이 질문하실 때는 눈이 안 마주치도록 피했던 적도 있었습니다. 중간고사 시험에서 단답형으로 준비했다가 답안을 제대로 못 쓰기도 했지만, 과정이 진행됨에 따라 문제에 관해서 원리를 이해하고 이를 적용할 수 있도록 공부를 했습니다. 이 과정을 마칠 때쯤에는 두려움이 없이 미국인 교수님과 대화를 할 수 있었고, 자신감 있게 프레젠테이션을 하게 되었습니다.

수업을 디자인할 때 학습자의 말하기, 듣기, 쓰기, 읽기 능력을 고려해서 수업을 만들게 됩니다. 저는 어떻게 하면 읽기 능력과 쓰기 능력을 향상시킬 수 있는지를 연구해 보고 싶었습니다. 두 아이가 어렸을 때는 아이를 똑똑하게 키우고 싶은 마음에 책을 전집으로 사놓고는 했지만 생각대로 아이들이 책을 좋아하지는 않았습니다.

저의 아이들이 자라나던 2000년대 초에는 원서로 된 예쁜 디자인의 영어 책, 창작 동화, 자연 관찰 도감 등 좋은 책들이 무궁무진했습니다. 아이들에게 좋은 책을 읽히고, 책을 좋아하는 아이로 키

우고 싶은 마음에 독서 논술 지도자 과정에 입문하게 되었고, 그로부터 13년간 초등학교, 중학교, 고등학교 학생들을 만나면서 함께 책을 읽고 글을 쓰며 디베이트를 하면서 아이들이 필요한 읽기 방법, 글쓰기 방법 토론하기에 대해서 데이터를 수집해 왔습니다.

2015년 개정 교육과정은 미래 사회가 요구하는 핵심 역량을 기르기 위해서 인문, 사회, 과학 등의 기초 지식을 바탕으로 한 융합 교육과정이 강조되고, 학습 과정을 중심으로 하는 수행평가가 확대되고, 협력과 토론, 탐구, 프로젝트 수업이 확대되었습니다. 즉 책 읽기와 글쓰기, 토론하기가 강조된 수업입니다. 하지만 소셜 미디어와 디지털 매체가 만연한 사회에서 아이들이 책을 좋아하고 읽기를 꾸준히 하는 일은 결코 쉬운 일이 아니고 더 많은 노력이 필요합니다.

변화된 초등학교 수업의 방법론은 제가 Tesol에서 직접 경험하고 배웠던 방법론과 같습니다. 학생들은 수동적인 학습 태도에서 벗어나 자신이 중심이 되는 학습을 하게 됩니다. 하지만 교육 현장에서 이를 적용하기에는 학생 수가 너무 많고, 학생들의 책 읽기와 글쓰기의 레벨이 달라서 선생님이 개인의 특성에 맞게 지도해 주기가 어렵습니다. 좋은 선생님은 아이들의 특성에 맞게 필요한 도서를 선정해 주는 역할과 아이들의 학습을 격려할 수 있는 사람이어야 합니다.

학부모로서 아이들의 교육에 늘 관심을 갖고 있지만, 서점에 가면 넘쳐나는 책들로 어떤 책을 골라야 할지 선택하기가 어렵습니다. 또한, 직장 생활을 하시는 어머님들은 서점에서 도서를 찾아야 하는데 시간이 많이 걸리고, 아이들 책을 항상 접하시지 못하기 때문에 어떤 책들을 골라 주어야 할지 막막할 것입니다. 또한, 우리 아이가 읽는 책은 학교 교과서를 이해하는 데 충분히 도움을 줄 수 있고, 우리 아이가 학교생활을 잘할 수 있는 능력을 키울 수 있기를 바라실 것입니다.

이 책은 변화된 교육 환경을 바탕으로 아이들에게 핵심 역량을 키워 주고, 교과서를 이해하는데 꼭 필요한 도서 20권을 부모님들께 알려드리려고 쓰게 되었습니다. 읽기에는 다양한 전략과 기술이 필요합니다. 저학년 독서 지도할 때는 흥미와 재미를 우선시합니다. 읽기를 재밌고 즐겁게 생각해야 앞으로 나아가야 할 공부와 학문에 도움이 되기 때문입니다. 초등학교 고학년 4학년에서 6학년이 되면 아이들의 비판적 사고 능력이 자라나게 됩니다. 따라서 다양한 읽기 방법과 전략에 대해서 충분히 이해하고 적용을 할 수 있게 됩니다. 각 책 소개의 마지막에는 아이들이 책을 읽고 정리할 수 있는 20가지 방법을 소개하였습니다. 이 방법들은 교과 공부를 하면서 또 수행평가를 할 때 이용하기에 유용합니다. 또 아이들이 꾸준하게 독서를 해가면서 독서 노트를 정리할 수 있어서 성취감도 높일 수 있습니다.

이 도서는 개정 교과서를 바탕으로 수업 목표와 교실 환경을 분석하면서, 초등학교 고학년 학생들이 국어, 사회, 과학 교과서에서 배우는 내용을 바탕으로 이를 더 깊게 이해할 수 있도록 도서를 선정하였습니다.

《우리 아이 명품 독서 20선》에서 추천하는 도서를 읽으면서 어린이들이 좋은 독서 습관을 기를 수 있으면 좋겠습니다.

책의 구성

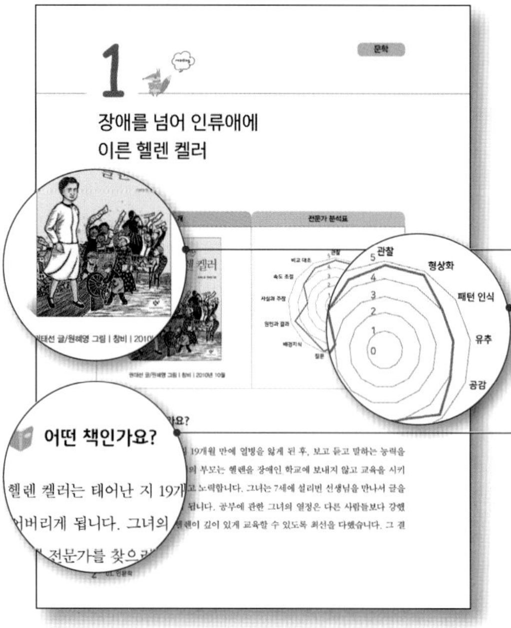

① 검색에 용이하도록 책 표지와 정보를 담았습니다.

② 전문가 입장에서 총 13가지 항목으로 나누어 독자가 해당 도서와 관련된 정보를 쉽게 파악할 수 있도록 했습니다. 관찰, 형상화, 패턴 인식, 유추, 공감, 차원적 사고, 통합력, 질문, 배경지식, 원인과 결과, 사실과 주장, 속도 조절, 비교 대조

③ 책에 대한 소개를 통해 이해를 도왔습니다.

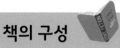

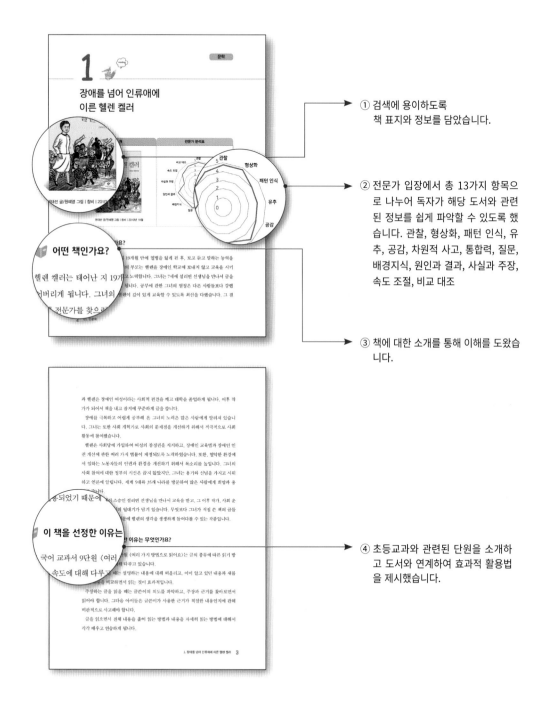

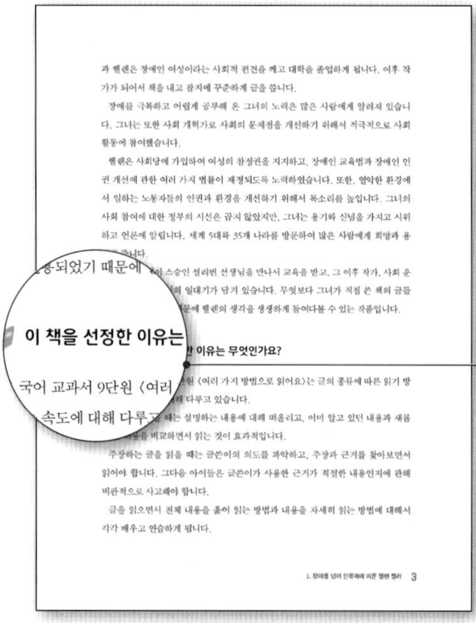

④ 초등교과와 관련된 단원을 소개하고 도서와 연계하여 효과적 활용법을 제시했습니다.

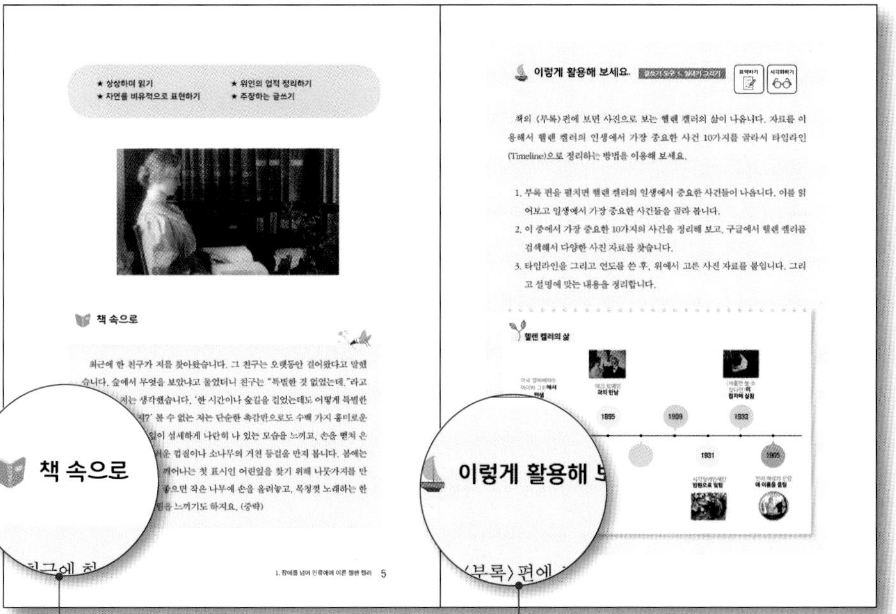

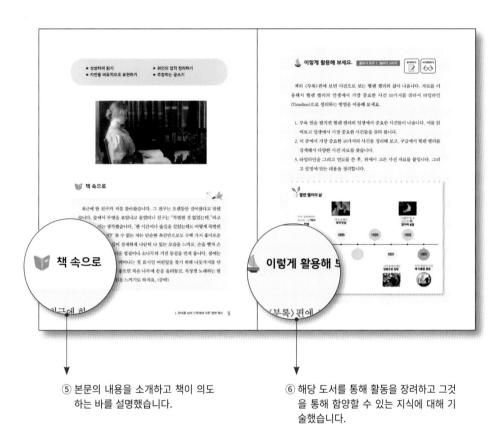

⑤ 본문의 내용을 소개하고 책이 의도하는 바를 설명했습니다.

⑥ 해당 도서를 통해 활동을 장려하고 그것을 통해 함양할 수 있는 지식에 대해 기술했습니다.

SUMMARY

선정된 도서는 독서 수업 시간에 아이들과 함께 읽고 피드백을 통해 최종 도서를 선정했습니다. 책을 읽은 아이들은 저와 함께 도서관에서 책을 직접 찾고, 읽은 책을 '나만의 독서 노트'에 정리해보면서 독서 습관을 키워나갔습니다. 그리고 도서와 관련된 누구나 쉽게 따라 할 수 있는 체험 활동을 더하니 아이들의 변화를 볼 수 있었습니다.
그중 가장 두드러진 변화는 바로 스스로 질문할 수 있는 아이들이 됐다는 것입니다. 현상에 대한 질문은 '스스로' 생각할 수 있는 아이를 만듭니다. 전 이 원고를 통해 초등생 자녀를 둔 학부모들의 다음 질문에 답을 하고자 합니다.

책 사용 설명서

오늘날 아이들은 이전 세대보다 훨씬 더 많은 정보를 접하게 되었습니다. 스마트폰, 노트북, 태블릿 pc 등을 이용해서 인터넷과 소셜미디어를 사용하는 시간은 아이들이 밖에서 뛰어노는 시간보다 압도적으로 길어졌습니다. 이에 따라 '넘쳐나는 정보를 어떻게 분석하고 평가할 수 있는가'에 대한 판단 능력도 더 중요하게 되었습니다.

미국 교육학과 교수인 Bloom은 사람의 학습이 이루어지는 영역을 다음과 같이 분류해 놓았습니다.

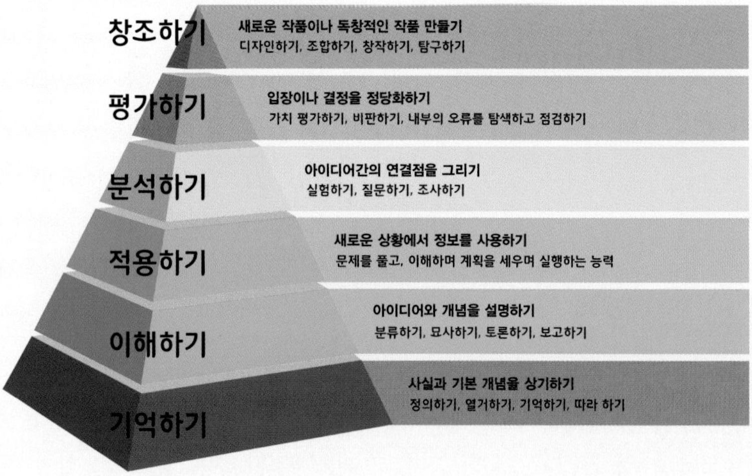

인지 과정은 6가지 대분류와 그에 따른 세부 항목으로 나누어집니다.

1. 기억하기-사물을 기억하거나 지난 일을 회상하는 것과 관련되어 있습니다. 세부 항목으로는 정의하기, 열거하기, 기억하기, 따라 하기 등이 있습니다.

2. 이해하기-생각과 개념을 설명하는 것으로 숫자나 글을 읽고 해석하는 과정입니다. 분류하기, 묘사하기, 토론하기, 보고하기 등이 포함됩니다.
3. 적용하기-새로운 상황에서 정보를 이용하는 것을 말합니다. 이 과정에는 문제를 풀고, 이해하며 계획을 세우며 실행하는 능력이 필요합니다.
4. 분석하기-자료를 구성 부분으로 나누고 그 부분들 간의 관계를 분석하려면 사물을 구별할 수 있어야 하고, 실험하고, 질문하고 조사할 수 있는 능력이 필요합니다.
5. 평가하기-주어진 기준에 따라 판단, 평가하는 능력으로 가치 평가하기, 비판하기, 내부의 오류를 탐색하고 점검하는 능력이 필요합니다.
6. 창조하기-새로운 것을 구성하고 설계하는 능력을 말합니다. 디자인하기, 조합하기, 창작하기, 탐구하기 등의 세부적인 영역으로 이루어져 있습니다.

Bloom은 학생들의 적성과 수업 이해력을 고려해서 학습 기회를 제공하면 수업 효과가 극대화된다고 하였습니다. 학습 영역의 세부적인 능력을 키울 수 있도록 읽기와 쓰기의 목표를 단위(unit)로 나누고 다시 세부 단위들(units)로 통합하는 과정을 통해 다양한 학습을 디자인해 나갈 수도 있습니다. 이 표에서 보면 비판적, 창의적 사고는 고차원적인 사고 과정이라는 것을 알 수 있습니다.

비판적 사고력(Critical Thinking)

미국뿐만 아니라 핀란드, 영국, 캐나다 등의 나라들도 비판적 사고를 기르기 위한 교육의 중요성을 강조하고 있습니다. 다음은 미국철학협회에서 발간한 《델파이 보고서(Delphi Report)》로 비판적 사고를 기르기 위한 6개의 인지적 스킬과 그에 따른 세부 항목들입니다.

인지적 스킬	해석	분석	평가	추론	설명	자기 조절
세부 항목	분류, 의미 파악	주장 파악 및 분석	주장 평가	증거 찾기, 대안 및 결론 찾기	원인과 결과 설명	자기 교정, 자기 평가

비판적 사고력을 키우기 방법은 Bloom의 인지적 사고 중 4. 분석하기, 5. 평가하기의 세부 항목과 같습니다.

책을 읽을 때도 다양한 읽기 전략을 쓰게 되면 비판적 사고력을 키우는 데 도움이 됩니다. 따라서 이 책은 초등학교 고학년 필독 도서 20권에 대한 읽기와 쓰기 전략에 대해서 시각적인 아이콘으로 정리해 놓았습니다.

창의력은 개인의 타고난 능력 VS 기를 수 있는 능력?

아이들이 어린 시절에 쓴 일기와 그림을 보면 어쩜 그렇게 기발한 생각을 했는지 감탄하게 됩니다. 성장해 가면서 창의적인 아이디어가 사라져 가는 것 같아서 아쉽기도 합니다.

"우리 아이는 창의성이 없는데, 옆집 아이는 창의성이 정말 뛰어나, 다 유전인가 봐."라고 타고난 창의성에 대해서 말씀하시는 분도 계시지만, 이는 아이가 지닌 창의적인 성격입니다. 스티브 잡스가 자신의 경험과 지식을 바탕으로 모든 점을 하나하나를 연결해서 새로운 제품과 혁신을 만들어 냈던 창의성과는 다르게 이해할 수 있습니다.

창의성을 연구하는 학자들은 창의적인 사람은 새로운 것에 개방적이고, 호기심이 많으며, 독창적이며 상상력이 뛰어나다고 합니다. 또한, 새로운 것에 도전하고. 독립적인 성격도 창의적인 사람들의 특징입니다.

하지만 창의적 사고력은 교육으로 길러지는 인지적 스킬입니다. 《생각의 탄생》은 음악, 미술, 수학, 과학, 문학 등 다양한 분야에서 창조성을 발휘했던 천재적인 인물들의 생각하는 방법을 보여 주고 있습니다. 역사상 가장 위대한 인물들의 공통적인 사고 과정에는 관찰, 형상화, 패턴 인식, 유추, 공감, 차원적 사고, 통합, 질문하기가 있습니다. 이 책의 저자는 창조적인 사고를 기르는 교육의 중요성을 강조하고 있습니다. 다음은 창의성을 기르는 방법들입니다.

① 관찰-모든 지식은 관찰에서 시작됩니다. 관찰은 수동적으로 보는 것이 아니라 감각 정보를 활용해서 사물을 주의 깊게 바라보고 집중력을 발휘해야 합니다. 눈을 감은 채 소리만으로 주위 상황을 판단해 보는 연습을 해 볼 수도 있고, 동전, 우표, 곤충을 수집하는 것도 관찰력을 키울 수 있는 방법입니다.

② 형상화-어떤 생각이 떠오르면 그것을 모양을 머릿속에 그려 보는 것입니다. 테너 가수 루치아노 파바로티는 실제 노래를 부는 것보다 머릿속으로 음악 연습을 더 많이 했다고 합니다.

③ 패턴 인식-패턴을 찾아낸다는 것은 다음에 어떤 일이 일어날 것인가를 예측해 내는 능력이 있다는 것입니다. 과학자들은 복잡해 보이는 자연 속에서 법칙을 이해하고 발견해 낼 수 있습니다. 나이팅게일은 19세기 크림전쟁 때 병사들이 전쟁에서보다 병원에서 치료 도중 더 많이 사망하는 것을 목격하고 이에 관한 통계를 장미 도표로 그렸습니다.

④ 유추-둘 이상의 현상들 사이에서 비슷하거나 일치하는 연관성을 알아내는 것입니다. 유추는 우리가 알고 있던 기존 지식의 세계에서 새로운 세계로 나

아갈 수 있게 해 줍니다. 많은 문학가는 닮지 않아 보이는 것에서 닮은 것을 찾아내는데 이를 은유적 표현이라고 합니다.

⑤ 공감-공감, 즉 감정 이입은 내가 직접 다른 사람이 되어 보는 것입니다. 아인슈타인은 그 자신이 광자가 되어 그 관점에서 우주를 바라보았습니다. 파인먼은 "내가 만약 전자라면 어떻게 할까?"라는 질문을 자신에게 던졌다고 합니다.

⑥ 차원적 사고-공간을 입체적으로 생각해 보는 것입니다. 건축 도면을 보고 건물을 입체적으로 떠올릴 수 있는 능력이 필요합니다. 차원적 사고를 훈련하기 위해서는 종이접기나 기하학 모형을 가지고 노는 것도 좋은 방법입니다.

⑦ 통합-창의성이 뛰어난 사람들은 항상 여러 가지 방식을 동원해서 동시적으로 감각과 인식을 결합합니다. 레오나르도 다빈치는 회화, 조각, 건축, 해부학 등 다양한 분야에서 뛰어났고, 헬리콥터, 무기, 잠수복 등을 디자인했습니다.

⑧ 질문-기존에 내가 알고 있는 사실과 새롭게 알게 된 사실을 확인하는 과정입니다. 질문을 통해서 새로운 생각을 끌어낼 수 있게 됩니다. 아인슈타인은 문제를 해결해 나가기 위해서는 오랜 시간 동안 훌륭한 질문을 찾아내라고 하였습니다.

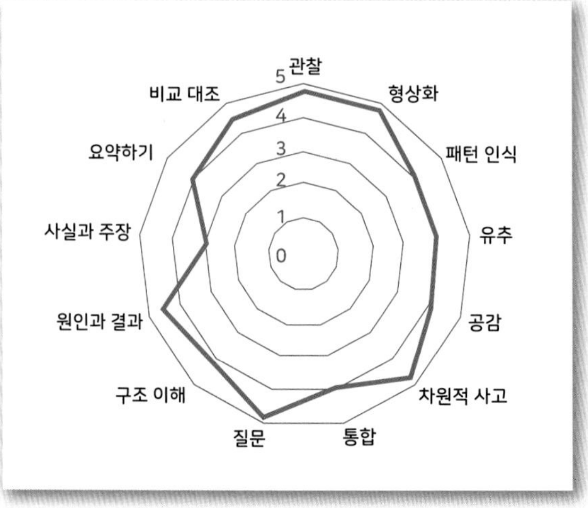

초등학생 고학년 필독 도서 20권은 비판적이고 창의적인 사고력을 키우는 데 도움이 되는 책들로 구성이 되었습니다. 또한, 읽기 능력과 쓰기 능력을 향상시키기 위해서 세부적인 내용을 반복하여 연습할 수 있도록 활동지를 구성했습니다.

책을 분석한 표인 CC(Creative and Critical thinking) chart의 구성은 오른쪽 영역은 창의적 사고(Creative thinking) 영역인 관찰, 형상화, 패턴 인식, 유추, 공감, 차원적 사고, 통합, 질문하기로 구성되어 있습니다. 표의 왼쪽 부분은 비판적 사고(Critical thinking) 영역인 구조 이해, 원인과 결과, 사실과 주장, 요약하기, 비교와 대조를 통해 책을 이해하는 데 도움이 될 수 있도록 분석을 했습니다.

부록에는 책 제목을 기록할 수 있는 독서 기록장과 소설과 비문학을 요약할 수 있는 표를 삽입하였습니다. 부모님께서는 아이들이 교과서와 연관된 추천 도서들을 읽고 다양하게 독서 후 활동을 할 수 있도록 지도해 주세요. 아이들의 창의적이고 비판적인 사고력을 함께 기를 수 있을 것입니다.

CONTENTS

· 머리말_ 5
· 책의 구성_ 8
· 책 사용 설명서_ 10

CHAPTER 01 인문학-사람의 존재와 가치를 일깨워 줍니다. 18

1-1. 위인전 - 장애를 넘어 인류애에 이른 헬렌 켈러 [활동1] ············ 20
1-2. 편지 - 아버지의 편지 [활동2] ············ 27
1-3. 비평문 - 간송 선생님이 다시찾은 우리 문화유산이야기 [활동3] ············ 36
1-4. 시 - 팝콘 교실 [활동4] ············ 46
1-5. 어휘 - 어휘 향상 4종 패키지 [활동5] ············ 56
(헷갈리는 우리말, 속담, 고사성어, 관용어)

CHAPTER 02 사회-세상을 이해할 수 있는 사고력을 키워줍니다. 68

2-1. 에너지 자원 - 검은 눈물 석유 [활동6] ············ 70
2-2. 세계사, 정치 - 세계사로 배우는 법 이야기 [활동7] ············ 80
2-3. 세계지리 - 주니어 아틀라스 세계는 지금 [활동8] ············ 88
2-4. 역사 - 조선왕실의 보물 의궤 [활동9] ············ 95
2-5. 경제 - 자본주의 논쟁 [활동10] ············ 104

CHAPTER 03 과학- 관찰력과 창의력 호기심을 키워줍니다. 116

3-1. 통합 과학 - 얘들아, 정말 과학자가 되고 싶니 [활동11] ············ 118
3-2. 통합 과학 - 상위 1%로 가는 비밀 수업 과학 블로그 1 [활동12] ············ 126
3-3. 화학 - 반트호프가 들려주는 삼투압 이야기 [활동13] ············ 135

CONTENTS

3-4. 과학, 수학, 철학 - 과학 블로그 3 [활동14] ············ 142
3-5. 미래 과학 - 왜 인공 지능이 문제일까? [활동15] ············ 152

CHAPTER 04 교실 밖 세상 읽기 – 비판적 사고력을 키워줍니다. 164

4-1. 환경 - 최열 아저씨의 지구촌 환경 이야기1 [활동16] ············ 166
4-2. 시간 관리 - 어린이를 위한 시간 관리의 기술 [활동17] ············ 175
4-3. 미디어 – 숨은 권력, 미디어 [활동18] ············ 184
4-4. 기행문 - 열하일기 [활동19] ············ 196
4-5. 국제 사회 - 세계의 빈곤, 게을러서 가난한 게 아니야! [활동20] ············ 207

· 읽은 책 제목 쓰기_ 218
· 문학 독서 기록장_ 221
· 비문학 독서 기록장_ 222

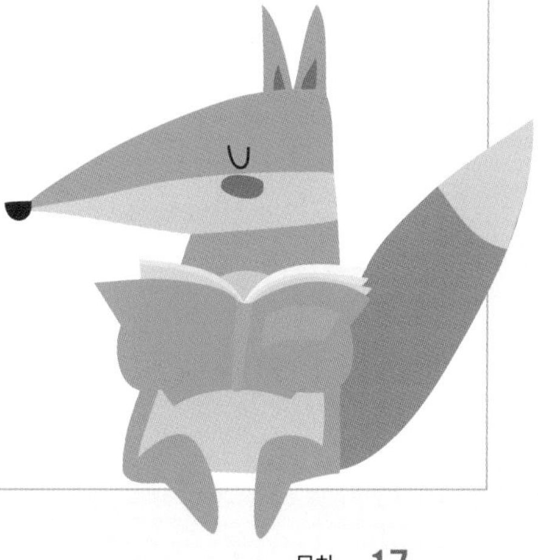

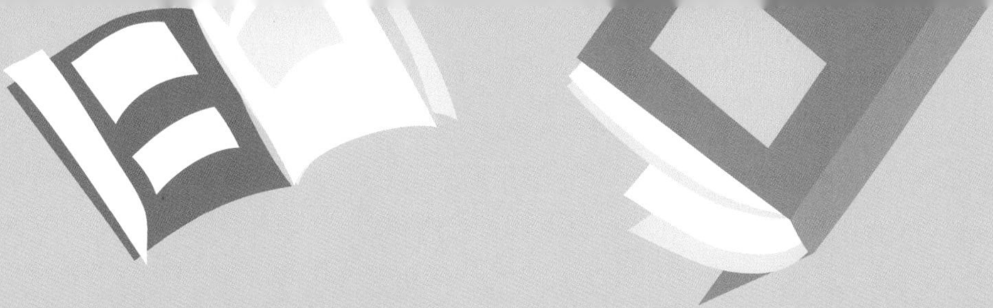

01

인문학

사람의 존재와 가치를 일깨워 줍니다.

1

장애를 넘어 인류애에 이른 헬렌 켈러

책 소개	전문가 분석표
 권태선 글/원혜영 그림 | 창비 | 2010년 10월	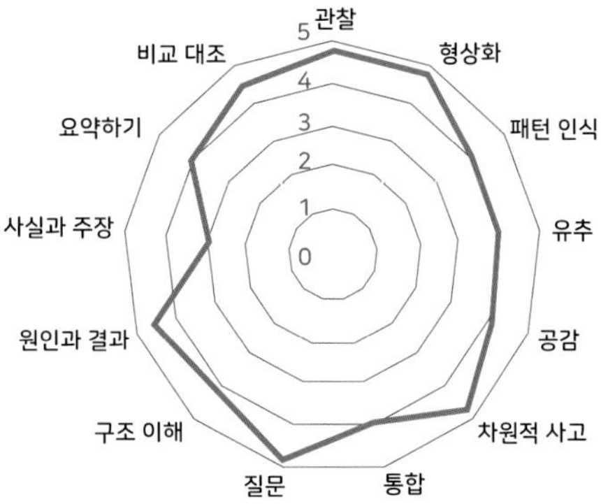

어떤 책인가요?

헬렌 켈러는 태어난 지 19개월 만에 열병을 앓게 되고 그 후, 보고 듣고 말하는 능력을 잃어버리게 됩니다. 그녀의 부모는 헬렌을 장애인 학교에 보내지 않고 교육을 시키기 위해 전문가를 찾으려고 노력합니다. 그녀는 7세에 설리번 선생님을 만나서 글을 읽고 쓰고 말할 수 있게 됩니다. 공부에 관한 그녀의 열정은 다른 사람들보다 강했고, 설리번 선생님도 헬렌이 깊이 있게 교육할 수 있도록 최선을 다했습니다. 그 결과 헬렌은 장애인 여성이라는 사회적 편견을 깨고 대학을 졸업하게 됩니다. 이후 작가가 되어서 책을 내고 잡지에 꾸준하게 글을 씁니다.

장애를 극복하고 어렵게 공부해 온 그녀의 노력은 많은 사람에게 알려져 있습니다. 그녀는 또한 사회 개혁가로 사회의 문제점을 개선하기 위해서 적극적으로 사회 활동에 참여했습니다.

헬렌은 사회당에 가입하여 여성의 참정권을 지지하고, 장애인 교육법과 장애인 인권 개선에 관한 여러 가지 법률이 제정되도록 노력하였습니다. 또한, 열악한 환경에서 일하는 노동자들의 인권과 환경을 개선하기 위해서 목소리를 높입니다. 그녀의 사회 참여에 대한 정부의 시선은 곱지 않았지만, 그녀는 용기와 신념을 가지고 시위하고 언론에 알립니다. 그녀는 세계 5대륙 35개 나라를 방문하여 많은 사람에게 희망과 용기를 줍니다.

이 책은 헬렌이 스승인 설리번 선생님을 만나서 교육을 받고, 그 이후 작가, 사회 운동가로 활동한 그녀의 일대기가 담겨 있습니다. 무엇보다 그녀가 직접 쓴 책의 글들이 많이 인용되었기 때문에 헬렌의 생각을 투명하게 들여다볼 수 있는 작품입니다.

이 책을 선정한 이유는 무엇인가요?

5-1 국어 교과서 9단원 〈여러 가지 방법으로 읽어요〉는 글의 종류에 따른 읽기 방법과 읽는 속도에 대해 다루고 있습니다.

설명문을 읽을 때는 설명하는 내용에 대해 떠올리고, 이미 알고 있던 내용과 새롭게 안 내용을 비교하면서 읽는 것이 효과적입니다.

주장하는 글을 읽을 때는 글쓴이의 의도를 파악하고, 주장과 근거를 찾아보면서 읽어야 합니다. 그 후 아이들은 글쓴이가 사용한 근거가 적절한 내용인지에 관해 비판적으로 사고해야 합니다.

교과서에 있는 예시는 전체 내용을 훑어 읽는 방법과 내용을 자세히 읽는 방법에 대해서 각각 배우고 연습하게 됩니다.

〈자신만의 읽기 방법 찾아보기〉에서는 세종대왕, 방정환, 헬렌 켈러의 책 읽기 방법이 나옵니다. 그중에서 헬렌 켈러는 "손끝으로 책을 읽으면서 평소 느끼지 못했던 대상과 감정을 상상하며 책을 읽는다."라고 말합니다.

2019년도 국어 개정 교과서의 특징은 책 읽기의 중요성을 강조하고 있습니다. 〈독서 단원〉에서는 아이들이 도서관에서 자신에게 맞는 책을 찾는 방법과 상상하기 읽기, 배경 지식 떠올리기 등 다양한 읽기 전략의 필요성에 대해 강조하고 있습니다. 독서 후 활동으로는 읽은 내용을 간추리고, 정리하는 방법이 잘 나타나 있습니다.

제가 《장애를 넘어 인류애에 이른 헬렌 켈러》 책을 추천하는 이유는 3가지가 있습니다.

먼저 헬렌 켈러가 장애를 극복하고 학문을 배우기 위한 노력과 열정을 아이들이 배웠으면 합니다. 그녀는 학교에서 시험을 치를 때 설리번 선생님이 답을 다 가르쳐 주었다는 오해를 받지 않으려고 감독관 2명과 통역사 앞에서 타자를 치면서 문제를 풀고 우수한 성적을 받았습니다. 그녀는 다른 사람들보다 많은 책을 읽었고, 책을 쓰기 위해서 문장 연습을 했으며, 체력이 떨어질 정도로 공부했습니다.

두 번째 이유는, 사회 개혁가로서의 헬렌의 삶을 이해할 수 있습니다. 헬렌은 여성의 참정권과 장애인을 위한 교육 시설이 필요하다고 주장했습니다. 사회의 문제점들을 비판하는 기사를 쓰고 대중에게 연설하고 시위에 참여했습니다. 여성, 장애인, 인종 차별 문제 등 소수의 인권을 개선하기 위해서 노력했습니다.

그리고 마지막으로 작가로서 그녀가 쓴 글들은 꼭 읽어보아야 합니다. 그녀는 직접 보고 들을 수 없는 상황에서 오직 글자를 통해서 세상을 이해하게 됩니다. 그녀는 대자연의 아름다움은 경이롭고 섬세하게 표현하지만, 사회의 부조리에 대해서는 날카롭게 비판합니다.

이 책은 국어 교과서에 나오는 다양한 읽기 방법을 익히는데 도움이 되고, 헬렌 켈러가 쓴 글을 읽으면서 사물을 관찰하고 표현하는 능력을 키울 수 있습니다. 또한, 6-2 사회 시간에 배우는 〈정치 발전과 참여〉를 이해하는 데도 도움이 됩니다.

★ 상상하며 읽기
★ 자연을 비유적으로 표현하기
★ 위인의 업적 정리하기
★ 주장하는 글쓰기

책 속으로 (베스트 pick 3)

최근에 한 친구가 저를 찾아왔습니다. 그 친구는 오랫동안 걸어왔다고 말했습니다. 숲에서 무엇을 보았냐고 물었더니 친구는 "특별한 것 없었는데."라고 하더군요. 저는 생각했습니다. '한 시간이나 숲길을 걸었는데도 어떻게 특별한 것을 찾지 못하지?' 볼 수 없는 저는 단순한 촉감만으로도 수백 가지 흥미로운 것을 찾아냅니다. 잎이 섬세하게 나란히 나 있는 모습을 느끼고, 손을 뻗쳐 은빛 자작나무의 부드러운 껍질이나 소나무의 거친 등걸을 만져 봅니다. 봄에는 대자연이 겨울잠에서 깨어나는 첫 표시인 어린잎을 찾기 위해 나뭇가지를 만져 봅니다. 아주 운이 좋으면 작은 나무에 손을 올려놓고, 목청껏 노래하는 한 마리 새의 행복한 떨림을 느끼기도 하지요. (중략)

이튿날, 볼 수 있는 둘째 날, 새벽에 일어나 밤이 낮으로 변하는 기적을 떨리는 마음으로 보겠습니다. 태양이 잠자는 지구를 깨우는 장엄한 빛의 파노라마를 감탄하며 지켜볼 겁니다. 이날 저는 과거와 현재 세계의 흔적을 찾는 데 집중하겠습니다. 인류가 점점 더 나은 방향으로 나아간다는 것을 확인해 보고 싶으니까요. 먼저 뉴욕 자연사 박물관에 가고, 메트로폴리탄 미술관으로 가서 인간 정신의 다양한 측면을 볼 것입니다. 예술을 통해 인간의 영혼을 탐구하는 것이지요.

헬렌이 쓴 《사흘만 볼 수 있다면》 중에 나오는 글입니다. 이 글을 읽으면 봄이 온 숲속을 걸으면서 자연을 세심하게 관찰하는 그녀의 모습이 떠오릅니다. 그녀는 사물을 후각, 촉각, 책 속의 문자를 통해서 인지하지만, 숲을 직접 본 사람보다 더 생생하게 대자연을 그려냅니나.

아이들이 글을 쓸 때도 사물을 보는 예리한 관찰력이 필요합니다. 저는 아이들에게 "너희들 이곳에 오면서 어떤 것을 보았니." 하고 물어봅니다. 아이들이 "별 거 없었는데요."라고 대답하면, 저는 헬렌 켈러의 글을 읽어 주었습니다. 그리고 다시 "창밖을 바라보면서 본 것들을 이야기해 보자."라고 이야기합니다. 그러면 더 세심하게 사물에 대해 묘사하였습니다.

저는 색깔에 대해 무척이나 많은 이야기를 듣고 책에서 읽었습니다. 이것은 모든 사람이 희망이나 이상이니 하는 추상적인 말의 뜻을 깨닫는 방법과 똑같습니다. 눈에 보이는 물체로 그것을 표현할 수는 없지만, 연상 작용을 통해 그 의미를 깨칠 수 있습니다. 저도 연상 작용을 통해 흰색은 순수하고, 초록색은 활력이 넘치며, 빨간색은 사랑이나 부끄러움 또는 힘을 의미한다고 생각하게 되었습니다.

색깔을 한 번도 본 적이 없었던 헬렌 켈러가 은유와 상징을 통해 색을 인식하는 방법에 대해서 쓴 글입니다. 그녀는 빨강이 의미하는 바를 반복되는 비유적인 표현을 통해서 익혔을 것입니다. 헬렌은 우리에게 로제타스톤과 같은 역할을 하고 있습니다. 그녀는 보이지 않는 어둠 속에서 문자를 통해 세상을 인식하는 문자 해독의 열쇠를 지녔습니다. 헬렌은 촉각이나 후각으로 부분과 부분을 느끼고, 그렇게 얻은 느낌을 마음속으로 합쳐서 사물을 파악합니다. 이때 부분과 부분을 연결해 주는 상상력이 큰 역할을 하고 있습니다.

지금 저를 비판하는 신문들은 과거에는 제게 다시 떠올리기도 얼굴이 화끈거릴 만큼 갖은 찬사를 퍼부었던 신문들입니다. 그런데 제가 노동자들을 지지하자 이제 장애인이란 사실을 지적하면서 그것이 마치 잘못된 것인 양 말하고 있습니다. 그들은 제 사상을 공격하지 않고 비열하게도 제가 장애를 가졌다는 사실을 환기시킵니다. 이것은 공정한 싸움이 아닙니다.

우리가 사물을 볼 때 어떤 관점과 프레임을 가지고 보느냐에 따라서 같은 행동이 다르게 보이기도 합니다. 헬렌의 노력과 열정에 대해서 찬사를 보냈던 언론도 자신의 뜻과 맞지 않으면 본질을 왜곡해 버리는 기사를 썼습니다. 그녀는 육체적인 장애를 가지고 있지만, 세상을 바르게 보는 마음의 눈이 있었습니다. 공정한 세상을 만들기 위해서 최전선에 서서 세상의 부조리와 맞서 싸웠습니다. 그녀의 모든 행보는 늘 미국 정보부의 감시 대상이 되었다고 합니다. 헬렌은 정치적 신념과 장애인 앞에 놓인 현실에 대해 늘 고민하고 살았습니다.

이렇게 활용해 보세요. 글쓰기 도구 1. 일대기 그리기

요약하기 시각화하기

책의 〈부록〉편에 보면 사진으로 보는 헬렌 켈러의 삶이 나옵니다. 자료를 이용해서 헬렌 켈러의 인생에서 가장 중요한 사건 10가지를 골라서 타임라인(Timeline)으로 정리하는 방법을 이용해 보세요.

1. 부록 편을 펼치면 헬렌 켈러의 일생에서 중요한 사건들이 나옵니다. 이를 읽어보고 일생에서 가장 중요한 사건들을 골라 봅니다.
2. 이 중에서 가장 중요한 10가지의 사건을 정리해 보고, 구글에서 헬렌 켈러를 검색해서 다양한 사진 자료를 찾습니다.
3. 타임라인을 그리고 연도를 쓴 후, 위에서 고른 사진 자료를 붙입니다. 그리고 설명에 맞는 내용을 정리합니다.

헬렌 켈러의 삶

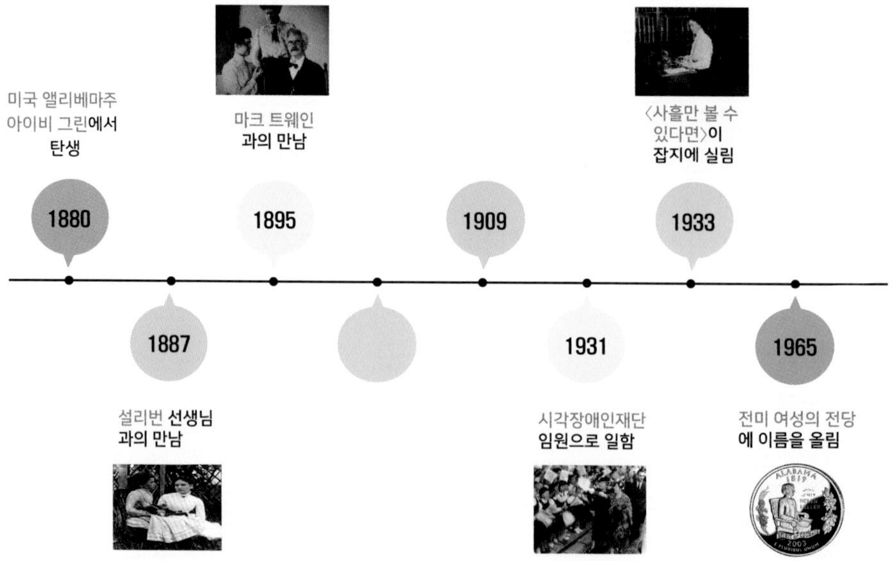

2

아버지의 편지

책 소개	전문가 분석표
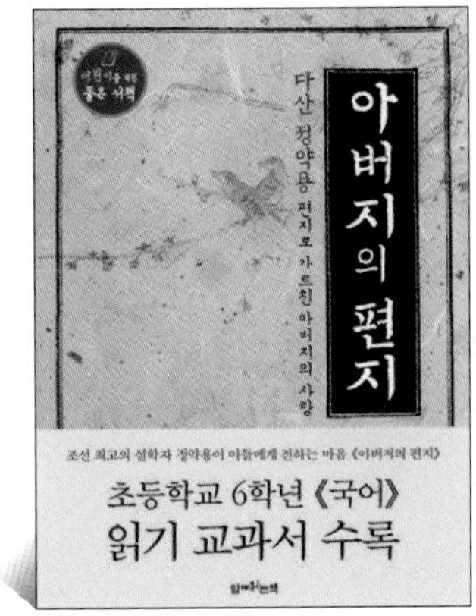 정약용 글 ǀ 함께읽는 책 ǀ 2004년 5월 15일	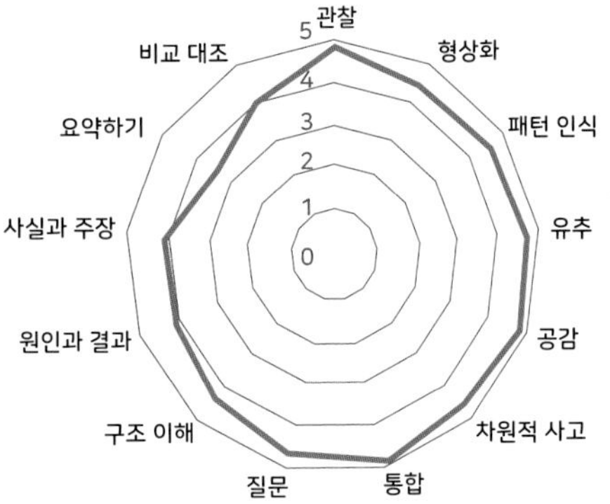

어떤 책인가요 ?

정약용은 정조가 돌아가시고 순조가 즉위하자 천주교인으로 모함을 받아서 전라도 강진으로 유배되었습니다. 그곳에서 18년간 귀양살이를 하면서 두 아들과 친형인 정약전, 제자들과 편지로 소통을 하였습니다. 그는 500여 권이 넘는 실학, 정치, 경제, 천문, 의약, 과학 분야의 책을 저술하였습니다.

《아버지의 편지》는 다산 선생님이 유배지에서 두 아들에게 보낸 편지로 학문과 독서 그리고 삶의 지혜에 대해 쓰신 글을 초등학생이 쉽게 이해할 수 있도록 엮은 책입니다.

이 책은 총 2부로 구성되어 있습니다. 1부에는 독서와 공부 방법에 관한 내용입니다. 정약용은 공부를 계획성 있게 하라고 강조했습니다. 새해가 되면 읽고 정리할 책의 목록을 정해서 읽을 방법을 생각하고, 그에 따라 독서를 하라고 말씀하였습니다. 공부를 할 때는 자신이 어떤 목적으로 공부를 해야 하는지 근본을 확고히 세우고 책을 읽을 때는 그 뜻을 깊이 연구해 보라고 권했습니다. 아들들이 자신의 책을 잘 읽고 후세에 전하기를 원하신 아버지의 뜻이 느껴집니다.

2부는 두 아들이 실천해야 하는 삶의 덕목과 지혜를 알려주었습니다. 부모님께 효도하고 형제간의 우애를 다지며 이웃을 따뜻하게 대하는 것을 중요하게 생각했습니다. 눈앞의 이익을 좇지 말고 옳은 길로 나가길 바라셨고 아버지가 귀양살이를 한다고 죄인처럼 지내지 말고 당당하게 생활하라고 하였습니다. 또한, 직접 채소를 키우거나 농사짓는 방법, 닭을 키우는 방법 등에 관한 실생활에 적용할 수 있는 글을 전했습니다.

이 책의 특징 중 하나는 자칫 어려울 수 있는 정약용 선생님의 가르침을 어린이들이 쉽게 이해할 수 있도록 나누어 편집한 것입니다. 게다가 역사학을 전공한 한문희 선생님께서 편지의 내용을 알기 쉽게 해설해 줍니다.

책 종이의 재질은 한지 느낌과 붓글씨처럼 쓰여 있어 이 책을 처음 접하는 친구들은 “옛날 책이에요?”라고 놀라며 자세를 고쳐 앉기 바쁩니다. 책에 실린 편지들을 아이들과 함께 읽으면서 이야기를 나누기에 안성맞춤인 책입니다.

초등교과 연계

- 국어 6-1 나-9 마음을 나누는 글을 써요.
- 사회 5-2-3 조선 후기

이 책을 선정한 이유는 무엇인가요?

국어 6-1-나 〈마음을 나누는 글을 써요〉는 글쓰기 과정과 방법을 배울 수 있는 단원입니다. 글을 쓸 때는 글을 쓰는 목적과 상황, 독자를 분명하게 생각해야 읽는 사람에게 효과적으로 전달될 수 있습니다.

교과서에 나오는 지문 〈주어라, 또 주어라〉는 책 《아버지의 편지》에 나오는 글에서 발췌되었습니다. 정약용은 두 아들(독자)에게 사람을 대할 때 어려운 사람들에게 먼저 베풀고, 자신들이 베푼 것에 대한 보답을 기대하지 말라고 당부하는(목적) 편지글을 썼습니다. 아이들은 정약용의 편지를 예시로 배우면서 다양한 주제로 글쓰기 연습을 하게 됩니다.

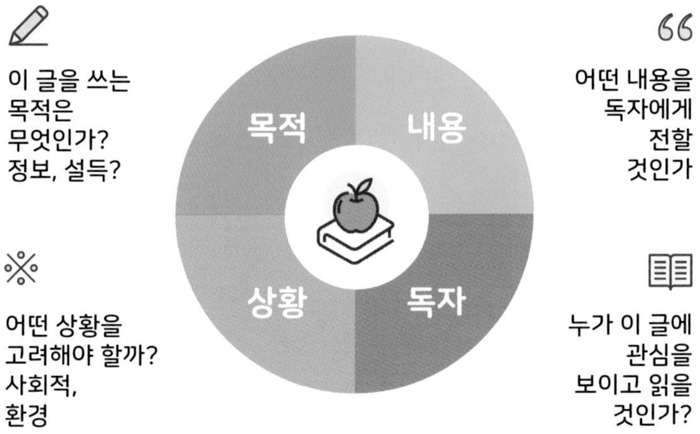

해마다 5월이면 가정의 달을 맞아 학교에서 아이들이 부모님께 쓴 편지를 집으로 보내 줍니다. 큰 아이가 보낸 편지에는 중간고사를 못 봐서 죄송하다고 쓰여 있었습니다. 그 편지를 읽으면서 제가 아이들 많이 혼내고 있구나 하는 생각에 마음이 무거워졌습니다. 어버이날에 아이가 보낸 편지를 많이 받았지만 한 번도 답장을 쓰지 못했다는 것을 알게 되었습니다. 평소에 문자나 카톡으로 아이와 대화하지만 손편지를 써준 기억이 너무 오래되어서 《아버지의 편지》처럼 한지에 펜으로 글을 적어서 아이에게 편지를 보냈습니다. 그 편지는 한동안 아이의 책상 위에 놓여 있었습니다.

편지글은 자신의 마음을 진실하게 표현할 때 잘 전달됩니다. 이태준의 《문장 강화》라는 책에서는 편지 쓸 때 편지를 받을 사람을 잠깐이라도 생각해서 그와 마주 앉은 듯한 기분으로 펜을 들라고 하였습니다.

《아버지의 편지》를 추천하는 이유는 3가지입니다. 먼저 이 책은 아이들에게 공부, 독서, 글 쓰는 방법에 대해서 알려줍니다. 책을 읽을 때 중요한 내용이 있으면 가려 뽑아서 따로 정리해 두는 초서라는 습관이 있습니다. 그리고 정약용은 필요한 내용이 무엇인지 판단할 수 있는 기준을 뚜렷하게 세우라고 하였습니다. 그리고 책을 읽을 때 항상 한 글자라도 올바른 뜻을 분명히 알아서 그 근본 뜻을 알아 가라고 아들들에게 조언해 주십니다.

둘째, 아이들에게 용기와 지혜를 나눠 주고 부모님의 사랑을 느끼게 해줍니다. 정약용 선생님은 두 아들에게 교육에 힘쓰라고 늘 강조하면서 다른 사람들에게 도움을 기대하기 전에 먼저 다른 사람을 도왔는지 반성해 보라고 엄하게 말씀하셨습니다. 아버지가 죄인으로 유배지에 있는 상황에서 어린 자식들은 타인들의 손가락질과 멸시를 받게 됩니다. 정약용은 아이들이 스스로 자립할 수 있도록 지식, 덕, 실생활 지혜를 오랫동안 편지글로 정성을 다해 아버지의 뜻을 전했습니다. 또한, 학문을 깊게 공부해서 벼슬 자리에 오르기 보다는 학자로서 살아갈 수 있도록 용기를 줍니다.

셋째, 조선 후기의 실용 학문을 집대성한 정약용의 업적을 알 수 있습니다. 정약용은 배다리를 만들고 수원화성을 세울 때 거중기 사용을 제안하는 기술 관료이었습니다. 《마과회통》에서는 홍역에 대한 새로운 이론과 치료법들을 밝혔고, 《경세유표》, 《목민심서》, 《흠흠심서》에서는 제도 개혁과 지방관의 도리, 형법 제도 등을 다룬 책을 썼습니다. 양반도 스스로 농사를 짓고 뽕나무, 사과나무, 버드나무, 국화 키우고 활용할 수 있어야 한다는 것도 알려 주었습니다.

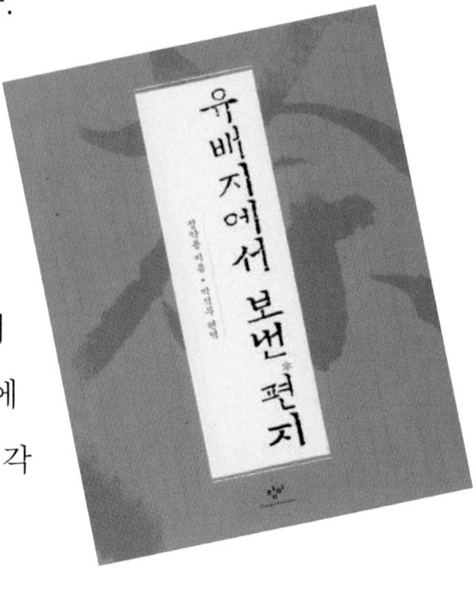

아이들에게는 《아버지의 편지》를 권하고, 부모님은 박석무 선생님이 편역한 《유배지에서 보낸 편지》를 꼭 읽으시길 바랍니다. 아들들이 훌륭하게 성장하기를 바라는 아버지의 간절한 바람과 세상의 불의에 절대 굽히지 않는 정약용의 모습에 커다란 감동을 받게 될 것입니다. 자식들에게 물려줄 정신적인 유산이 무엇인지에 관해서 생각해 볼 수 있습니다.

책 속으로 (베스트 pick 3)

너희는 보거라.

공부할 때의 마음가짐이 어떠해야 하는지 잘 생각해 보거라. 요즈음 어떤 젊은이들은 중국의 원나라와 명나라 때의 경박한 사람들이 지은 보잘 것 없는 글을 가져다가 그대로 베껴서 글이나 시를 짓고는 스스로 이 시대에 뛰어난 문장이라고 자랑하면서 자기들보다 나은 자가 없는 듯이 하고 있으니, 나는 이 사람들을 불쌍히 여기고 있단다.

글이란 반드시 먼저 옛 성현이 지은 경서를 공부하여 그 근본을 확고히 세워야 한단다. 그런 뒤에 이전 시대의 역사를 두루 살펴보아서 그 잘한 점과 잘못한 점, 정치가 잘 되고 어지러운 근원을 알아야 하는 것이다.

또 실용의 학문에 마음을 두어 옛 사람이 지은 글 가운데 세상을 다스리고 백성을 구제하는 데 관한 글을 즐겨 볼 것이요, 이러한 마음으로 항상 백성들을 윤택하게 하고 만물을 기르려는 마음을 간직하여 그 뜻을 관철할 수 있어야 할 것이다. 그래야만 비로소 독서하는 군자(학문과 덕이 높고 행실이 바르며 품위를 갖춘 사람)라고 할 수 있는 것이다.

이와 같이 한 뒤에 혹 안개 낀 아침이나 달빛 비추는 저녁, 짙은 녹음과 가랑비 내리는 자연의 풍경을 보게 되면, 갑자기 마음에 감동을 받아 시상이 떠오르는 가운데 저절로 시를 읊조리게 되고 저절로 시가 이루어져서 천지자연의 소리가 맑게 울려 나오는 것이다.

이것이 바로 시인들이 말하는 살아서 움직이는 좋은 시라고 하는 것이다.

정약용은 학문의 목적은 세상을 구하고 많은 사람에게 혜택을 주는 일이라고 하였습니다. 그리고 그 토대는 역사 공부를 통해서 쌓으라고 하였습니다. 세상과 나라를 구했던 책을 읽고, 학문의 뜻을 확고하게 세운 후에 공부를 하고 안목을 넓히라는 가르침을 해 주셨는데요. 선생님의 가르침은 현대를 살아가는 우리에게도 커다란 울림을 주고 있습니다.

나는 젊었을 적에 새해를 시작하는 첫날이면 반드시 일 년 동안 해야 할 공부의 과제를 미리 정해 놓곤 하였다. 예를 들면, 무슨 책을 읽을 것인가, 그리고 어떤 글을 뽑아서 정리할 것인가를 미리 정하여 놓고 그대로 따라서 했단다. 더러는 몇 달이 지나 사정이 생겨서 마음먹은 대로 실행하지 못하는 경우도 있었지만, 선한 것을 즐기고 앞으로 전진하려는 뜻만큼은 스스로도 덮어 버릴 수 없었다.

내가 전부터 너희에게 편지를 보내 학문에 힘쓰라고 말한 것이 이미 여러 차례였을 테지. 그런데 너희는 옛 성현의 글 가운데 의심스러운 곳이나, 예절과 음악의 의문스러운 점, 역사책에 대한 논의를 조목도 묻는 적이 없더구나. 어찌 너희는 이다지도 내 말을 마음에 새겨두지 않느냐? 부디 학문에 힘쓰거라.

정약용 선생님은 어린 시절부터 남아수독오거서(男兒須讀五車書)를 실천한 분입니다. 또한, 대학자의 길을 가신 분이기에 자식들에게 어떤 책이 좋은지, 책을 어떻게 읽어야 하는지에 관해서 늘 편지로 당부했습니다. 하지만 자신과 비교해 보았을 때, 자식들이 그에 미치지 못해 호통을 칩니다. 저 역시 아이들에게 읽으면 좋은 책들을 알려주지만, 이에 따르지 못해 발을 동동 구를 때도 있습니다. 하지만 독서도 공부도 아이들 스스로의 의지가 가장 중요합니다.

아이들에게 좋은 책 읽기를 권하고, 격려하는 이유는 세상을 살아갈 수 있는 지혜와 배움으로 나아갈 수 있는 용기를 주기 위한 것입니다. 초등학교에서 독서가 완성이 되는 것은 아닙니다. 아이들이 배움의 즐거움을 알게 되면 공부를 지속해 나갈 수 있습니다. 디지털 영상 매체가 만연한 요즘 책 읽기에 관한 부모님의 관심은 더욱 중요합니다. 정약용이 자식들의 교육과 독서에 관해서 공을 들이는 모습을 보시길 바랍니다. 부모로서 독서하는 모습을 먼저 보여 주고, 또 아이들에게 구체적인 독서 방법을 알려 주는 노력이 필요합니다.

유아야, 잘 지내고 있느냐? 네가 닭을 기른다는 이야기를 들었다. 참으로 좋은 일이다.

그러나 닭을 기르는 일도 어떻게 하느냐에 따라서 사람마다 많은 차이가 있지 않겠느냐? 그렇다면 너는 어떤 방법으로 닭을 기르려느냐? 우선 농사에 관한 책을 꼼꼼히 읽어서 닭을 기르는 좋은 방법을 선택하여 시험해 보는 것이 좋을 것 같다. 색깔과 종류별로 구별해서 한번 길러 보는 것도 좋을 듯 싶구나. 횃대(닭장 안에 가로지는 막대)를 다르게도 만들어 보고, 사육 관리도 특별히 해서 다른 집보다 닭이 더 살지고 많이 번식하게 해 보거라. 또 여가에는 닭의 정경과 닭 기르는 너의 마음을 시로 지어 읊어 보거라. 이런 것들 모두가 바로 책을 읽는 사람의 닭 기르는 방법인 것이다. 만약 이익만 좇고 의리를 보지 못하며 운치도 모른 채 줄곧 기르는 것에만 힘쓰고 골몰하거나, 혹은 닭을 기르면서 이웃의 채소밭을 가꾸는 사람들과 아침저녁으로 다투기만 한다면 어떻겠느냐? 이는 곧 서너 집 모여 사는 시골의 서툴고 보잘것없는 사람이나 하는 닭 기르는 방법인 것이다.

유아야, 너라면 어느 쪽을 택하겠느냐? 이미 닭을 기르고 있다니, 아무쪼록 옛날 훌륭한 선현들이 지은 여러 서적에서 닭에 관한 설명을 뽑아 모으고 차례를 정하여 '닭에 관한 책'을 만든다면 이 또한 하나의 좋은 일이 될 것이다.

정약용 선생님을 현대 초등학교에 바로 모시고 와도 STEAM 교육, 즉 과학(S), 기술(T), 공학(E), 수학(M) 등에 중점을 둔 교육 방향을 바로 이해하고 적용하실 분입니다. STEAM 교육의 목적은 학생들에게 과학 기술에 대한 흥미를 높이고 융합적 사고력과 실생활 문제 해결력을 키우는 것입니다.

그는 닭이라는 주제로 과제를 수행한다면 먼저 여러 책을 참조해서 선행연구를 한 후, 가설을 설정해 보라고 하셨습니다. 그 후 닭을 키우는 방법에 관해서 실험 군 대조군으로 나누어서 관찰 기록을 하라고 알려 주십니다. 닭을 키우면서 중간 중간에 시를 지어 보고, 실험 결과를 정리하여 책으로 편찬하는 방법까지 가르쳐 주십니다.

정약용의 업적을 생각하면 르네상스의 화가이자 물리학, 해부학, 수학 등 다양한 분야에 능통했던 레오나르도 다빈치가 떠오릅니다.

과학 실험은 실험실에서만 하는 것이 아니라 사물에 대한 호기심이 있다면 언제 어디서든 가능합니다. 정약용의 형님 정약전 선생님은 흑산도 바닷가의 물고기 종류를 수록한 《자산어보》라는 책을 쓰셨습니다. 선생님은 물고기의 종류를 분류하고 책을 썼는데요. 그렇게 정리한 물고기 종류가 55항목이나 된다고 합니다. 형제분의 사물에 대한 탐구력이 대단하다는 것을 알 수 있습니다.

정약용 선생님의 유배지 다산초당

이렇게 활용해 보세요.

글쓰기 도구 2.독자, 상황, 목적에 맞게 한지에 편지 쓰기

예측하기 | 공감하기 | 원인과 결과

정약용은 유배지에서 다음의 편지를 보냈습니다. 여러분은 이 편지에 답장을 써야 합니다.

> 너희는 보거라.
> 공부할 때의 마음가짐이 어떠해야 하는지 잘 생각해 보거라. 글이란 반드시 먼저 옛 성현이 지은 경서를 공부하여 그 근본을 확고히 세워야 한단다.
> 그런 뒤에 이전 시대의 역사를 두루 살펴보아서 그 잘한 점과 잘못한 점, 정치가 잘 되고 어지러운 근원을 알아야 하는 것이다.
> 또 실용의 학문에 마음을 두어 옛 사람이 지은 글 가운데 세상을 다스리고 백성을 구제하는 데 관한 글을 즐겨볼 것이요. 이러한 마음으로 항상 백성들을 윤택하게 하고 만물을 기르려는 마음을 간직하여 그 뜻을 관철할 수 있어야 할 것이다.
>
> 그래야만 비로소 독서하는 군자라고 할 수 있는 것이다.
> 이와 같이 한 뒤에 혹 안개 낀 아침이나 달빛 비추는 저녁, 짙은 녹음과 가랑비 내리는 자연의 풍경을 보게 되면, 갑자기 마음에 감동을 받아 시상이 떠오르는 가운데 저절로 읊조리게 되고 저절로 시가 이루어져서 천지 자연의 소리가 울려 나오는 것이다.
> 이것이 바로 시인들이 말하는 살아서 움직이는 좋은 시라고 하는 것이다.
>
> 너희를 사랑하는 아버지

1. 한지를 준비합니다.
2. 펜을 준비합니다.
3. 이 편지를 보낸 아버지의 상황을 생각하면서 어떤 내용을 써야 할지 생각을 해 봅니다.
4. 마음을 가다듬고 펜으로 편지를 정성스럽게 써 봅니다.
5. 편지를 다 쓴 후 내용을 부모님께 읽어 드립니다.

비평문

3

간송 선생님이 다시 찾은 우리 문화유산 이야기

책 소개	전문가 분석표
 한상남 글/최완수 감수/김동성 그림 | 샘터 | 2005년 7월 15일	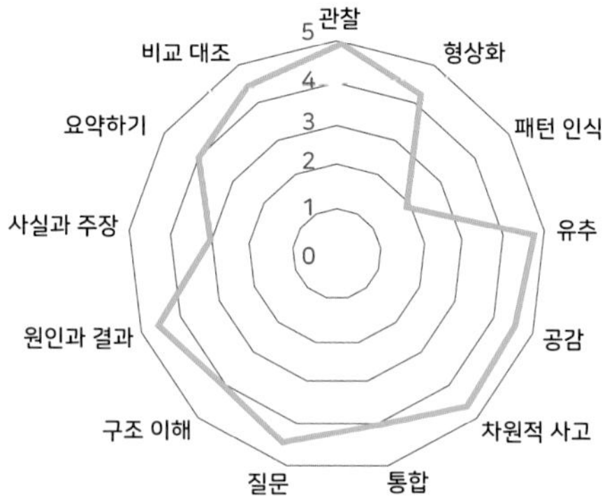

어떤 책인가요?

우리나라가 국권을 상실했던 일제강점기 시절. 그 당시 문화유산들은 나라의 혼란 속에서 관심 밖이 되곤 했습니다. 그런 상황에서 일본은 우리 문화재를 약탈하기도 하고, 구매해서 모으기도 했습니다. 소중한 우리 문화재를 일본인과 외국인들로부터 다시 사서 지켜 오신 분이 바로 간송 전형필 선생님입니다.

간송 선생님은 우리나라 최고의 부잣집에서 태어났지만 사리사욕을 위해 부를 쓰지는 않았습니다. 그는 23세에 오세창 선생님을 만나게 되면서 우리 문화재를 지키겠다는 사명감을 가졌습니다. 3·1운동 민족대표 33인 중 한 분이였던 오세창 선생님은 한 나라의 문화재는 우리 민족의 정신이 함축된 유산이라는 말을 젊은 전형필 선생님에게 해 주십니다. 그로부터 전형필은 문화재를 지켜나가겠다는 다짐을 하게 됩니다.

우리 문화재를 지켜나가기 위해서는 많은 사람의 노력이 필요했습니다. 주요 문화재에 관한 정보를 수집해야 하고, 문화재를 사들이기 위한 재력도 필요했습니다. 전형필 선생님은 문화재를 사들이기 위해서는 집안의 땅을 팔아야 할 정도로 우리 문화재를 지키기 위한 열정이 컸습니다. 그리고 이렇게 모은 문화재로 박물관을 건립하고 학교를 설립했습니다. 그는 평생을 우리 문화재를 지키기 위해서 힘썼습니다. 간송 전형필 선생님의 열정과 노력을 알게 된다면, 박물관에 있는 우리 문화재 하나하나가 다시 보이게 될 것입니다.

초등교과 연계

- 국어 6-1-8 인물의 삶을 찾아서
- 사회 6-1-2 일제강점기
- 미술 5, 6 문화재 감상하기

이 책을 선정한 이유는 무엇인가요?

6-1-8 〈인물의 삶을 찾아서〉는 글의 주제를 찾고, 글 속에 나오는 인물이 추구하는 가치관을 알아보는 단원입니다. 교과서에서는 '가치'란 정의, 행복, 책임 따위를 통틀어 이르는 말로 어떤 행동이나 일을 선택하고 실천하는 데 바탕이 되는 생각으로 정의하고 있습니다. 책 속 인물들이 추구하는 가치관은 등장인물이 한 말과 행동을 통해서 알 수 있습니다. 교과서에서는 《레 미제라블》, 《노인과 바다》, 《갈매기의 꿈》, 《꿀벌 마야의 모험》 등 세계 명작 소설에 나오는 등장 인물들의 삶을 알아보

게 됩니다. 역사 속 인물로는 〈하여가〉를 쓴 이방원, 〈단심가〉를 쓴 정몽주, 〈12척의 배가 있으니〉를 쓴 이순신 장군이 처한 상황과 삶에 대한 태도를 다양하게 비교해 볼 수 있게 됩니다. 그 후 다양하게 소개된 등장인물의 삶과 자신의 삶을 연관해서 이해하는 것이 이 단원의 목표입니다.

[그림 1] 반응 중심 이론과 문학 · 미술 감상과의 관계 (변해영, 2007 재구성)

반응 중심 이론에 따르면, 문자는 작가가 자신의 체험과 생각, 가치관으로 표현한 기호이기 때문에 독자의 경험과 상상력을 바탕으로 작품 해석이 새롭게 될 수 있습니다. 이는 그림을 감상하는 사람이 자신의 배경지식에 따라 작품을 새롭게 해석하는 것과 같은 현상입니다. 따라서 감상자, 작가, 작품의 역동적인 교류를 통해 작품은 깊은 의미를 가지게 됩니다.

6학년 국어 8단원의 수업 목표는 작품 감상 방법 중 하나인 반응 중심 이론에 바탕에 두고 있습니다. 이는 소설과 역사에 나오는 인물들의 삶을 토대로 아이들 자신의 삶과 연관시켜서 비교하는 활동입니다. 문학과 미술 감상을 함께 적용할 수 있는 책으로 《간송 선생님의 우리 문화유산 이야기》를 다음의 세 가지 이유에서 추천하겠습니다.

첫째, 우리 문화재를 혼신의 힘을 다해 지킨 전형필 선생님의 삶을 알 수 있습니다. 그는 미술품 경매장에서 일본인 수집가와 아슬아슬한 경쟁을 하고, 일본 사람들에게 높은 금액으로 문화재를 구매했습니다. 또한, 가치 있는 문화재는 후하게 값을 치러서 많은 문화재를 보존하고 지켜낼 수 있었습니다. 그리고 일본으로 가서 영국인이 소장한 우리 문화재를 다시 찾아오게 됩니다. 훈민정음, 겸재 정선의 그림, 고려청자, 조선백자 등 간송 선생님이 문화재를 되찾으신 이야기는 손에 땀을 쥐게 합니다.

둘째, 문화재를 자세히 관찰하면서 묘사하는 능력을 키우게 됩니다. 책에는 고려시대 유물인 향로에 대해서 **"뚜경 부분 한가운데"에는 별 모양의 연기 구멍이 뚫려 있고, 중간쯤에는 아기자기한 일곱 개의 바람 구멍이, 그리고 뚜껑 전체에 수많은 산이 첩첩이 솟아 있는 형상**이라고 묘사하고 있습니다. 글로 사물을 묘사한다는 것은 연필로 사물을 스케치하는 것처럼 자세히 관찰해야 합니다. 고려자기, 조선 시대 풍속화, 석탑 등의 문화재를 묘사한 글들을 읽으면서 작품을 표현하는 풍부한 언어를 배우게 됩니다.

셋째, 우리 문화재는 역동의 시기를 거쳐 박물관에서 보존되고 있다는 것을 알게 됩니다. 간송 선생님과 많은 분들의 노력으로 일본으로부터 문화재를 찾게 되었지만, 6·25전쟁으로 문화재가 북한쪽으로 이송될 뻔한 순간도 있었습니다. 그리고 부산으로 피난을 가면서 문화재를 다시 옮기게 되고, 다시 서울로 문화재를 이송하면서 화재나 전쟁 등으로 인해 문화재가 많이 훼손이 됩니다. 그리고 이런 전쟁을 겪으면서 간송 선생님은 본인이 소장하고 있던 문화재를 다시 되 사와야 했습니다. 문화재를 지키기 위한 그의 열정은 전 인생을 바치는 노력이 있었기에 가능한 일이었습니다.

책 속으로 (Best pick 3)

"일만 오백 원!"

야마나카는 짐짓 여유 있는 얼굴로 조용히 가격을 불렀습니다. 창과 창이 부딪치는 듯한 날카로운 긴장감 속에 가격은 오백 원 단위로 숨가쁘게 올라가기 시작했습니다. 이제 경매는 단순히 조선백자 한 개를 놓고 다투는 싸움이 아닌, 일본과 조선의 싸움을 상징하는 듯한 분위기였습니다.

간송은 가치 있는 고미술품을 구매할 때 금액을 깎으려 하지 않았습니다. 설사 주인이 그 가치를 잘 몰라서 싼 값을 부른 경우에도 간송은 말없이 주인이 원하는 값의 두세 배의 대금을 지급하곤 했습니다. 문화재를 대하는 자세가 이러하다 보니, 사람들은 좋은 물건을 구하면 앞다투어 간송에게 먼저 보이려 했습니다.

간송이 한남서림을 통해서 찾아낸 문화 유물은 헤아릴 수 없을 만큼 많았습니다. 추사 김정희, 겸재 정선, 단원 김홍도, 혜원 신윤복, 오원 장승업 등 조선 시대를 대표하는 작가들의 수많은 작품은 물론, 고려 시대와 조선 시대의 뛰어난 자기들을 수집해 들였던 것입니다.

우리 문화재를 지키려는 간송의 이런 열정이야말로, 모리 고이치 은행장의 유물 경매에서 일본인 부호를 꺾을 수 있었던 힘이었습니다.

고려청자의 경매 장면인데요. 자칫 잘못하면 일본인의 손에 넘어갈 뻔한 아슬아슬한 장면입니다. 우리나라의 많은 문화재는 여전히 일본 박물관 소장으로 있는 작품들도 많고, 또 일본인 개인이 가지고 있는 작품도 많습니다. 일본 덴리 도서관에서 소장된 〈몽유도원도〉가 우리나라에서 전시된 적이 있었습니다. 〈몽유도원도〉는 안평대군이 꿈속에서 본 이상세계를 안견이 그린 그림으로 비단위에 아름다운 세계가 멋지게 펼쳐져 있었습니다. 또한 그림에 대한 감상문을 쓴 박팽년, 성삼문, 이개 등의 학자들의 글씨체도 볼 수 있었습니다. 하지만 너무 소중한 우리 문화재를 다시 떠나보내야 했습니다.

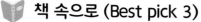

간송 미술관은 지금도 일 년에 두 번씩 겸재 정선, 김홍도, 신윤복, 박물관 소장품 전시회를 열고 있습니다. 전시회장에서 길게 늘어선 줄을 천천히 따라가면서 작품 하나하나를 보던 기억이 납니다. 김홍도, 신윤복의 풍속화 속에 쾌활하게 웃음을 띠고 있는 선조들의 생활 모습을 자세히 보고 있으면 만화보다 더 재밌습니다. 이 책 삽화 그림에는 미술관을 만들고 그 유물을 둘러보는 전형필 선생님과 어르신들이 보이는데요. 우리 선조들이 애써서 지켜낸 문화재를 박물관에서 보면 시공간을 연결해 주는 문화재가 더욱 소중하게 느껴졌습니다.

일본 도쿄에는 영국인 변호사 존 개스비는 우리나라 문화재를 모으는 데 취미가 있어서 많은 문화재를 모았습니다. 그는 일본이 영국이나 미국과의 전쟁을 일으킬 것을 예감하고 본국으로 돌아가기 위한 준비를 하였습니다.

개스비가 고려자기를 처분한다는 소식을 들은 간송의 가슴은 흥분과 기대로 터질 듯했습니다. 하지만 그 엄청난 수장품을 넘겨받기 위해서는 급히 자금을 준비하는 것이 급한 과제였습니다. 하는 수 없이 간송은 선대로부터 물려받은 공주 지방의 농장을 처분하기로 하였습니다.

이때 간송의 어머니는 처음이자 단 한 번, 아들이 하는 일에 반대 의견을 냈습니다.

“이보게, 조상 대대로 내려온 땅인데 꼭 처분해야 하겠는가?”

“어머니 걱정마십시오. 지금껏 저를 믿어 주셨듯이, 이번에도 제가 하는 일을 믿어 주십니오.”

간송으로서는 불효를 저지르는 아픔을 감수할 수밖에 없었습니다. 또 워낙 급히 처분하다 보니 땅을 제값에 팔 수도 없었습니다.

간송은 고대하던 전보가 오자, 즉각 도쿄로 떠나 개스비의 저택을 방문하였습니다.

차를 마시면서 개스비가 말했습니다.

“고려자기를 수집하면서 참으로 안타까운 점이 있었습니다. 일본 침략 이후 조선의 귀중한 유물들이 일본인들의 손에서 좌지우지된다는 점이었지요. 고미술품에 대해 제대로 된 안목이나 애정도 없는 사람들이 재력을 무기로 마구 사들이는 경우가 많았지요 그러던 차에 전 선생 같은 조선인이 애정을 기울여 고미술품을 수집하고 있다는 것을 알고 참 기뻤습니다."

"정말 감사합니다. 그동안 선생께서 고려자기에 기울여 주신 애정에 대해 감격할 뿐입니다. 선생의 수장품을 인수하게 되면 정성껏 보존하겠습니다."

마침내 두 사람은 물품 목록을 살피면서 차근차근 인수인계 절차를 진행했습니다.

간송은 물건 하나하나를 확인하면서 북받치는 감격에 몸을 떨었습니다. 이들이 훗날 국보로 지정된 청자상감유죽연로원앙문정병(국보 66호)과 백자박산향로(보물 제238호)입니다.

아이들을 데리고 용산 국립중앙박물관 자주 가곤 했습니다. 박물관이 저녁 8시까지 문을 여는 날이 있는데요. 그 시간에 가면 사람들이 적어서 아주 조용하게 집중하면서 문화재들을 볼 수 있습니다. 어두운 곳에 조명을 받은 자기들을 보고 있으면 마음이 깨끗해지고 고요해집니다.

박물관에 가기 전에 아이들과 함께 고려청자, 경국대전, 훈민정음 해례본, 공민왕 그림, 조선백자 등 10점의 사진을 함께 붙여 봅니다. 그리고 아이들과 함께 박물관에 가서 유물들을 찾아보고 유물들의 이름과 연도 등을 사진 아래에 적어 보도록 합니다. 우리나라의 다양한 지역에 지역 문화재와 박물관이 많으니 이런 작업을 함께 해보면 문화재에 관한 관심도 많아지고, 유물을 보는 관찰력이 생깁니다. 그리고 주의할 점은 아이들은 집중력이 길지 않으니 박물관에 가서 하루에 고구려, 백제, 신라, 고려, 조선 시대관을 다 보게 되면 지치기도 합니다. 오늘은 고려관, 다음에는 조선관 이런 식으로 짧게 여러 번 다녀오는 것이 훨씬 효과적이었습니다.

오늘도 아이들은 역사 수업을 배우면서 "선생님, 저는 컴퓨터 자격증도 많이 땄는데요, 나중에 회사에 가면 컴퓨터 능력은 쓸 수 있잖아요. 그런데 역사는 도대체 왜 배워요? 나중에 쓸 수 있는 것도 아닌데요." 그러면 저는 "내가 테솔 수업을 배웠을 때, 미국 교수님께서 ESL(English As a Second Language)을 하는 이유 중 하나가 자신의 나라 역사를 다른 나라 사람들에게 잘 알리기 위해서라고 하시더라. 내가 살고 있는 환경과 문화유산들은 어디서 왔을까? 나는 현재 어디에 있는 것일까를 알면 미래의 모습도 알 수 있잖아. 그러면 나도 내 후손을 위해서 어떤 자산을 남겨 줘야 할까도 생각해 볼 수 있을 거야. 그리고 오늘 배웠던 것처럼 일제강점기, 어려웠던 시대를 되풀이하지 않기 위해서도 역사 공부는 꼭 필요하단다."라고 일러주었습니다. 아이들은 "예" 대답은 했지만 그래도 이해가 안 된다는 듯 어리둥절하다는 표정을 지으면서 나갔습니다. 책을 읽으면서 참 어려운 시절에 문화재를 지키나가는 것을 평생의 사명으로 아셨던 간송 선생님과 우리 선조들의 모습을 함께 느끼고 아이들에게도 가르쳐주면 좋겠습니다.

간송미술관

이렇게 활용해 보세요.

책 읽기 도구 3. 반응 중심 이론으로 미술작품 감상 하기

비교와 대조 | 묘사 | 추론하기

2015년 개정 교과서 5, 6학년 미술 수업 지도안에는 우리나라 미술의 특징을 시대적 배경과 관련지어 이해하고, 작품을 감상할 수 있는 기초 능력을 키우도록 하고 있습니다. 이를 위해 우리나라 전통 미술의 특징을 현대 미술과 비교하면서 미술 작품이 시대적 배경과 관련된다는 것을 이해하고, 작품의 내용과 형식을 다양한 방법으로 감상하는 데 중점을 두게 됩니다.

반응 중심 이론을 토대로 문화재를 감상해 보도록 하겠습니다. 먼저, 조선 시대와 고려 시대의 도자기의 특징과 표현 방법을 자세히 관찰합니다. 그 다음 《간송 선생님이 다시 찾은 우리 문화유산 이야기》에 나오는 각각의 문화재에 대한 이야기도 써 봅니다. 문화재의 미적 가치에 대해서 알아보고 문화재의 소중함을 생각해 보는 시간을 가져 보겠습니다.

도자기		
이름		
어느 시대 유물인가요?		
표현 기법상의 특징은 무엇인가요?		
용도는 무엇인가요?		
두 작품의 차이점은 무엇인가요?		
어떤 느낌이 드나요?		
이 작품과 관련된 역사적 이야기는 무엇인가요?		
작품이 나에게 주는 의미는?		

4

팝콘 교실

책 소개	전문가 분석표
 문현식 글/이주희 그림 | 창비 | 2015년 5월 15일	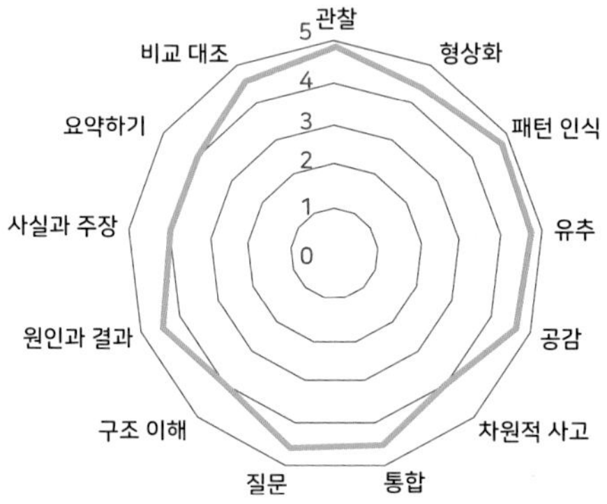

어떤 책 인가요?

이 책의 작가 문현식 선생님은 경기도 초등학교에서 아이들을 가르치면서 《선생님과 함께 일기 쓰기》, 《똑똑한 1학년》을 쓰셨습니다.

초등학교 선생님은 수업 시간, 쉬는 시간, 운동회, 현장 체험 학습을 늘 아이들과 함께합니다. 따라서 아이들이 학교생활을 하면서 느끼는 미묘한 감정과 표정을 잡아낼 수 있습니다. 문현식 선생님은 작은 창밖으로 보이는 목련나무, 벚나무, 그 아래 놓고 간 신발주머니 하나까지도 세심하게 표현하셨습니다.

시집을 펼치면 어린이들 따라 초등학교 교실로 들어갈 수 있습니다. 이른 아침 정문을 지나 네모난 교실에 앉아서 동그란 얼굴의 영호를 만나면서 하루를 시작합니다. 수학 시간에는 선생님이 못 알아듣게 구구단을 빨리 외워 버리기도 하고, 국어 시간에는 아이들만 알 수 있는 속담을 외웁니다. 아이들이 가장 즐거워하는 쉬는 시간에는 경찰관, 모델, 도둑이 다녀갑니다. 싸움 고수와 맞붙어 벌벌 떠는 아이는 쉬는 시간이 끝나서 참으로 다행이라고 생각합니다.

다음으로 시선은 교실 밖 운동장으로 향합니다. 넓게 펼쳐진 운동장에는 아이들이 두고 간 신발주머니, 필통, 축구공이 여전히 주인을 기다리고 있습니다. 아이들은 운동장에서 뛰어놀고 싶은데 쭉쭉 내리는 비는 교실을 철장으로 만듭니다. 어떤 친구는 옥상 문이 열린 틈으로 살짝 올라가 새파란 하늘을 바라보기도 합니다.

운동회 날은 솜사탕 아줌마, 음료수 아저씨, 짜장면 오토바이 소리로 시끌시끌하고요. 아이들은 수학여행에서 비에 젖은 첨성대, 불국사를 사흘 내내 보았는데요. 집으로 출발하는 날 비가 뚝 그쳤습니다.

내비게이션처럼 오른쪽, 왼쪽으로 방향을 알려 주시는 엄마의 따뜻함도 느낄 수 있고요. 엄마 목소리가 들릴 때까지 밤늦도록 놀다가 허겁지겁 저녁을 먹는 아이도 동시 속에서 만날 볼 수 있습니다.

초등교과 연계

- 5-1-가-1 대화와 공감
- 5-1-가-2 작품을 감상해요
- 6-1-가-1 비유하는 표현

이 책을 선정한 이유는 무엇인가요?

국어 5학년 1학기 1-2 〈작품을 감상해요〉에서는 문학 작품을 감상하는 방법에 관한 단원입니다. 문학 작품을 감상할 때 자신의 직접 경험과 간접 경험을 떠올리게 되면 작품의 배경과 등장인물이 처한 상황을 깊이 이해할 수 있습니다. 또한, 다른 사람의 감정을 이해하는 공감 능력이 생기게 됩니다.

국어 6-1-가-1 단원에서는 비유하는 표현 방법을 배우게 됩니다. 비유법은 대상 하나를 그와 비슷한 속성을 지닌 다른 대상에 빗대어 표현하는 방법으로 직유법, 은유법, 의인법이 있습니다. 시를 쓸 때 비유를 하게 되면 사물을 생생하게 표현할 수 있고, 사물을 낯설고 새로운 시각으로 바라보게 됩니다.

5학년, 6학년 국어 교과서에서는 시 창작 방법과 함께 시를 감상하고 분석하는 방법에 관해서 배우게 됩니다.

아이들에게 좋아하는 시가 있느냐고 물어보는 것보다 좋아하는 노래를 물어보면 바로 답해 줍니다. 평소 동시를 외우고 있는 아이는 없지만, 속도가 빠르고 리듬감이 강한 랩은 줄줄 외워 부르는 아이는 많습니다. 속도와 변화가 빠른 현대 사회에서 천천히 시를 음미하면서 읽을 시간은 없어 보입니다. 좋은 시를 많이 읽어 보아야 시를 창작할 수 있습니다. 저는 《팝콘 교실》을 3가지 이유에서 추천합니다.

첫째, 이 동시들은 아이들이 땅을 밟고 서 있는 곳에서 시가 시작됩니다. 아이들은 늘 학원에 다니고 숙제하느라 바쁘게 시간을 쪼개서 생활하고 있습니다. 저를 만나기 전에는 다른 학원에서 오고, 제 수업이 끝나면, 또 다른 학원으로 달려 나갑니다. 이런 현실은 〈벽지가게〉라는 시에서 잘 나타내고 있습니다. (벽지 가게에서 학생용 벽지는 다 이렇게 되어있습니다. 학교집학원학교집학원집학원학교집학원학교집학원학교집학원학교집학원학교집학원학교집학원학교집학원학교집학원학교집학원학교집학원). 또한, 수업 시간, 수학여행, 현 장학습 등에서 아이들이 느낄 수 있는 다양한 감정들을 포착해서 시를 썼습니다. 그래서 아이들이 시를 읽으면, 나도 그런 적이 있었는데 하면서 말문을 열기 시작합니다.

둘째, 아이들을 힘차고 생동감 있는 존재로 바라보게 됩니다. 〈나 혼자 현장 학습〉이라는 시는 소풍 전날 열심히 준비물을 준비했는데 소풍 당일 비가 와서 소풍이 취소되었지만, 아이는 소풍 가방을 매고 당당히 집을 나섭니다. 시 곳곳에서 아이의 판단, 아이의 목소리가 강력하게 느껴집니다. 한겨레 아동 작가 수업을 들었을 때 아동평론가 원종찬 선생님은 기성세대가 어린이의 심성을 이상화하고 신비화해서 현실과는 막연한 별님, 꽃님, 해님, 이슬, 비눗방울을 등의 상투어를 동심으로 여기는 '동심천사주의'에 대해서 비판하였습니다. 《팝콘 교실》에는 어린이가 태풍이 부는 날 축구 골대의 그물이 찢어지도록 강슛을 날리고, 뒷산에서 이른 봄을 찾으려고 땀방울을 흘리는 에너지 넘치는 모습을 보게 됩니다.

셋째, 엄마와 자녀가 함께 공감하면서 작품을 감상할 수 있습니다. 시를 읽으면서 아이들의 학교생활을 살짝 숨어서 지켜보는 것 같은 재미가 있습니다. 또한, 아이들이 쓴 비밀 일기를 보는 듯한 긴장감도 느껴집니다. 아이들 자신들이 친구와 싸움 현장에 있거나, 교실에서 톡톡 튀는 팝콘 이야기를 좋아했습니다. 시를 읽으면서 아이의 마음을 읽을 수 있게 되고, 아이를 이해하지 못했던 일들을 생각하니 미안한 마음도 들었습니다.

책 속으로(Best pick 3)

팝콘 교실

커다란 팝콘 기계 안에
옥수수 알갱이 서른 개가
노릇노릇 익으면서
톡톡 튄다.

알갱이들아 계속 튀어라.
멈추면 선생님이 냠냠
다 먹어 버릴지도 몰라.

이 시집의 표제작인데요. 시화는 노란색 교실에 다양한 팝콘들이 책상에 앉아 있기도 하고 익살맞게 뛰어다니는데 초록 괴물 선생님이 들어와 교실을 살짝 들여

다보고 있습니다. 선생님은 교실 속의 아이들 한 명, 한 명이 가지고 있는 개성과 장단점을 발휘하길 바라는 마음으로 시를 썼습니다. 선생님의 표현에 의하면 "교실 속에 강제로 투명 인간이 되어야 했던 아이들"에게 모든 아이가 주인공인 모습을 나타내고 싶어 하셨습니다. 시를 읽으면 선생님도 아이들과 함께 팝콘이 되어 톡톡 튀고 싶어 한다는 생각도 듭니다.

쉬는 시간

딩.동.댕

종소리에
교실 구석 도둑이 나타났다.
입으로 사이렌 소리 내는 경찰이 있다.
빗자루 총 든 군인이 있다.
칠판 앞에는 헉헉거리는 레슬링 선수와
3단 변신 로봇과의 대결!
고추 잡고 화장실로 달음박질하다
선생님한테 걸려 오리걸음,
그래도 선생님의 화난 목소리는
'누가 진정한 얼짱인가.'
10분 토론 목소리보단 작다.
거울 앞에는 못 말리는 패션쇼와 걸그룹 대스 경연 대회.

딩.동.댕
종소리 끝자락에 매다린 순간까지
숨을 몰아쉰다.

쉬는 시간에 쉰 사람 아무도 없다.

초등학교 쉬는 시간에는 경찰, 군인, 레슬링 선수, 토론, 모델, 걸그룹이 한꺼번에 다녀갑니다. 짧은 시간 동안 왁자지껄한 페스티벌이 펼쳐지는데요. 여기에는 우선순위도 좌우도, 위아래로 없습니다. 딩.동.댕 다시 종이 울리면 쉬~ 하면서 개성 있는 인물들이 다들 사라져 버립니다. 선생님은 아이들의 쉬는 시간을 포착했는데요. 아마도 숨어서 지켜보시지 않았을까 합니다. 쉬는 시간을 역동적으로 표현한 시인데요. 15초짜리 TV 광고를 보는 듯한 다채로움이 느껴집니다.

꿈

내일까지 부모님 확인받아 오라는
기초학력 미달 학생
방과 후 보충 수업 안내장.

원하면 동그라미
안 원하면 가위.

기초학력 미달 학생은 난데
특별 보충 수업은 내가 받는데
엄마가 동그라미에 사인한다고 하고
아빠가 가위에 사인한다고 하고,

나는 불 꺼진 방에서 귀를 접고 누워
아빠의 가위가 사각사각
엄마의 동그라미 자르는
꿈을 꿀 뿐.

부모님은 자식 교육에 모든 관심이 쏠려 있습니다. 엄마, 아빠의 교육관이 다르기 때문에 아이가 안 좋은 성적을 받아오면 집안이 시끌시끌해집니다. 분란의 중심에 서 있는 아이는 엄마 아빠의 반응을 보면서 어느 편에 설지 가슴이 조마조마합니다. 아빠가 "다, 당신이 학원만 보내고 해서 그래."라고 하면 아이는 아빠 쪽으로 살짝 섰다가, 엄마가 "당신이 애들 공부는 뒷전이고 맨날 TV만 보니 애가 그리 공부를 못하는가 봐요."라고 하면 살짝 엄마 쪽으로 시기는 하는데요. 위의 시에서는 아이는 엄마 아빠의 이야기를 숨어서 듣고 있는데요. 마음은 영 불편하겠네요.

이렇게 활용해 보세요.

글쓰기 도구 4. 비유적 표현 쓰기

묘사 | 공감하기 | 비교와 대조

좋은 시에는 음악적 요소와 회화적 요소를 갖추어야 하는데요. 먼저 운율을 통해서 리듬감을 만들어야 합니다. 그리고 비유적 표현을 통해서 두 사물의 공통점을 연결하는 예리한 통찰력도 필요합니다.

단편 소설의 거장 모파상의 스승 귀스타브 플로베르는 모파상의 통찰력을 향상시키기 위해 두 시간 동안 돌아다닌 후에 돌아와서 자신이 본 것을 모두 써 보게 하는 훈련을 시켰습니다. 이처럼 평소에 주변을 세밀하게 관찰하는 습관을 가지면 통찰력도 키워나갈 수 있습니다.

1. 운율 형성하기

〈다르다〉라는 시에는 선생님과 아이들이 같은 교실 공간에 있지만, 서로 다른 생각을 가지고 있다는 내용이 나타나 있습니다.

다음 시를 읽어 본 후 엄마와 나의 마음을 대조하는 시로 내용을 변형하면서 연습해 보겠습니다.

다르다

창밖을 보고
창문을 보고

눈 내린 운동장을 보고
먼지 내린 창틀을 보고

친구들과 눈싸움을 생각하고
청소 당번이 누군지 생각하고

노는 시간 알리는 종이 치면
쉬는 시간 알리는 종이 치면

뛰어나갈 준비를 하는
다시 청소시킬 준비를 하는

우리들,
선생님.

2. 감상하기

시에 나오는 어린이의 마음을 헤아려 보면서 시를 감상해 보도록 하겠습니다. 아래의 시를 줄글로 써보면서 시에서 생략된 내용을 완성해 보도록 하겠습니다.

나 혼자 현장 학습

8시까지도 비가 오면
현장 학습 취소라고 했는데
기적처럼 7시 59분에 비가 그쳤다.

가방에 넣을까 말까
식탁 위에 올려 두었던
과자, 김밥, 주스, 젤리
소풍 가방 속 빈자리 찾아
신나게 착착착 옮기는데
엄마가 보여 주는 문자 메시지.

예시

우천으로 오늘 현장 학습은 연기되었습니다.
6교시 정상 수업을 실시하오니 착오 없으시길 바랍니다.
담임 교사 드림.

문자 한 통에 사나이가 흔들릴 수 있나.
소풍 가방 그대로 집을 나선다.

3. 비유적 표현 만들기

다음의 시는 나를 '박쥐처럼' 표현하는 직유법과 '철봉이 너 장사 제법 잘한다.' 하는 의인법이 나타나 있습니다. 비유법을 사용해서 독창적 시선으로 시를 써 보겠습니다.

장사꾼 철봉이

철봉에 매달려
박쥐처럼 바라보는 하늘

모랫바닥으로 쏘옥
호주머니에서 500원이
공짜인 줄 알았는데

철봉이 너
장사 제법 잘한다.

5

어휘력 향상 4종 패키지

헷갈리는 우리말, 속담,
고사성어, 관용어

1. 어린이를 위한 헷갈리는 우리말

책 소개	읽기 전략
 배상복 글/김현철 그림 | 이케이북 | 2015년 9월 18일	단어 외우기 문장 만들기 질문하기 비교와 대조

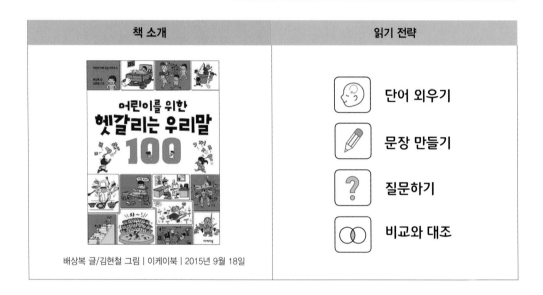

어떤 책인가요?

먼저 다음 문제를 풀어 보세요.

1. 비슷한 말 구분해 쓰기

① 운동장이 꽃밭에 (둘러쌓여/둘러싸여) 있다.

② 학급 토론을 열기를 (띠기/띄기) 시작했다.

③ 나는 화살을 두 개 밖에(맞추지/ 맞히지) 못했다.

④ 네가 (웬 일/ 왠 일) 이냐?

2. 헷갈리는 띄어쓰기 정복하기

⑤ 내가 잘못했다고 먼저(사과할걸/ 사과할 걸)

⑥ 실력이 (그중에서/ 그 중에서) 가장 낫다.

⑦ (예상했던 대로/ 예상했던대로) 시험 문제가 까다로웠다.

3. 틀리기 쉬운 말 바로 쓰기

⑧ 친구가 옆구리를 (간질였다/ 간지렸다).

⑨ 옛날 선생님들은(길다란/ 기다란) 회초리를 들고 계셨다.

⑩ 시원한 계곡물에 발을 (담궜다/ 담갔다).

어떠신가요? 답을 정확하게 알고 계시나요? 아니면 답이 헷갈리시나요?

《어린이를 위한 헷갈리는 우리말 100》은 글을 쓸 때 헷갈리고 틀리기 쉬운 단어 100개를 알기 쉽게 풀이한 책입니다. 이 책은 총 3부로 구성되어 있습니다. 1장은 비슷한 말 구분해 쓰기, 2장은 헷갈리는 띄어쓰기 정복하기, 3장은 틀리기 쉬운 말 바로 쓰기입니다.

이 책은 글을 쓸 때, 형태가 비슷해서 많이 헷갈리는 두 개의 단어 중 올바른 단어를 선택하여 정확한 사용법을 알려 주도록 구성되어 있습니다.

예를 들면 '노력한 만큼'에선 '만큼'은 의존명사이기 때문에 띄어쓰기를 해야 합니다. '공부만큼'은 앞말과 비슷한 정도나 한도를 나타내기 때문에 보조사로 붙여 써야 합니다. 띄어쓰기를 정확하게 하려면 문법을 정확하게 알고 있어야 합니다.

띄어 써야 할 것 같지만 꼭 붙여 써야 하는 단어들도 있는데요. '보잘것없다'. '온데간데없다'. '얼토당토않다'는 전체를 한 단어로 붙여 씁니다. 이 책을 공부하면서 한글 맞춤법을 정확하게 사용하는 적용 능력과 언어 활용 능력을 키워줄 수 있습니다.

이 책을 선정한 이유는 무엇인가요?

요즘 아이들은 신조어를 많이 사용합니다. '갑분싸(갑자기 분위기가 싸해진다)', '생파(생일파티)', '띵작(명작)' 등의 신조어는 시대 상황을 반영하면서 끊임없이 변하고 있습니다. 신조어가 많이 쓰일수록 표현이 다양해지고 의사소통이 활발해질 수도 있습니다. 또한, 아이들은 또래 집단과의 동질감과 유대감을 느끼기 위해서 신조어를 많이 씁니다. 이런 신조어가 일상적인 말하기, SNS나 블로그, 문자 메시지에서만 나타난다면 다행입니다. 하지만 신조어들은 디지털 매체들을 뚫고 나와서 학교 수행평가, 과제, 서술형 글쓰기에도 슬금슬금 등장하게 됩니다. 아이들의 글쓰기를 첨삭하다 보면 깜짝 놀랍니다. 신조어는 논설문, 설명문, 생활문에 어김없이 등장합니다. 신조어들은 GMO(유전자 변형 식품)가 생태계에 혼란을 일으키는 것처럼 언어 생태계를 혼란시킵니다.

올바른 어휘를 사용하기 위해서는 어휘와 관련한 책들을 많이 읽어 보고, 새롭게 익힌 어휘들을 문장에 적용해서 사용해야 잊어버리지 않습니다. 따라서 어린이들이 읽어야 할 필독 도서에는 어휘 책들을 꼭 포함하시고, 어휘를 활용할 수 있는 노트를 꼭 만들도록 해 주세요.

이렇게 활용해 보세요. 책 읽기 도구 7. 단어 정리하기

1. 책의 페이지를 펼치고, 단원의 내용을 정리해 봅니다.
2. 〈재미있고 멋지게 사용하기〉 편을 보면서 문장을 노트에 정리해 보겠습니다.

2. 티끌 모아 속담 문장력 일취월장

<table>
<tr><th>책 소개</th><th>전문가 분석표</th></tr>
<tr><td>

정윤경 글/백명식 그림 | 다봄 | 2013년 1월 25일
</td><td>
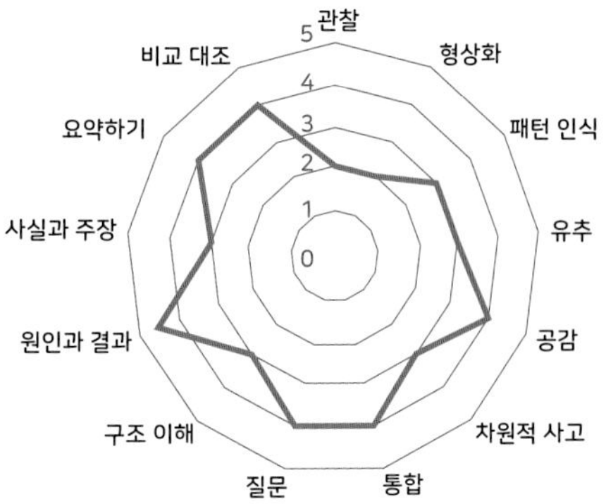

</td></tr>
</table>

어떤 책 인가요 ?

속담은 우리 조상들의 삶의 지혜와 교훈을 비유적인 표현으로 써서 과거부터 전해 내려 온 말입니다. 속담에는 특정한 역사적인 사건이나 일상적인 이야기를 통해서 만들어졌습니다.

'친구 따라 강남 간다', 낮말은 새가 듣고, 밤 말은 쥐가 듣는다.'를 보면 대구(어조가 비슷한 문구를 나란히 두거나)나 운율(리듬감)을 형성하기 때문에 말하는 재미도 있습니다. 또한, 속담이 만들어진 유래를 통해서 우리 조상들의 생활 모습이나 정서를 알게 됩니다. 하지만 요즘 어린이들은 속담을 많이 듣고 자라지 않았기 때문에 속담을 많이 사용하지 않습니다. 이 책을 통해 다양한 언어 생활 속에서 속담을 사용할 수 있게 됩니다.

이 책은 5장으로 구성이 되어 있는데요. 1, 2장에서는 조상들의 생활 속의 지혜를 엿볼 수 있습니다. 3장에서는 올바른 언어 사용과 말조심에 관한 속담입니다. 4장은 올바른 사람으로 자라기 위한 사람의 도리를 알려 주는 속담입니다. 5장은 노력하는 사람이 꿈을 이룬다는 속담들을 모아 놓았습니다. 이 책에 수록된 30개의 속담과 부록에 수록된 42개로 속담을 합하면 100여 개의 속담을 알게 됩니다.

이 책을 선정한 이유는 무엇인가요?

국어 6-1 가 〈속담을 활용해요〉는 속담을 활용해 자신의 생각을 효과적으로 표현해 보는 단원입니다. 속담이 만들어진 유래를 통해서 속담에 담긴 뜻을 알아보고 활용하면서 속담을 사전으로 만들어서 정리해 보는 단원입니다. 이 단원에서 아이들은 이야기 속 등장인물의 상황과 성격에 대해서 이해하고 이를 일상 언어생활 속에서 사용할 수 있습니다.

《티끌 모아 속담 문장력 일취월장》은 사용 빈도가 높은 속담을 중심으로 속담이 만들어진 유래를 이야기를 통해서 쉽게 배울 수 있습니다. 또한, 속담을 다양한 종류의 글 속에서 활용되는 예를 볼 수 있고, 비슷한 속담, 반대의 뜻을 가지는 속담도 함께 익힐 수 있는 책입니다. 속담에 관한 책들은 이야기를 중심으로 전개되거나 만화, 사전식 구성 등 많습니다. 제가 이 책을 아이들이 보면 좋을 속담 책으로 선정한 이유는 속담이 형성된 유래를 통해서 익히면 기억에 더 남기 때문입니다. 그리고 일기, 생활문 속에서 자연스럽게 속담을 활용하는 방법을 배울 수 있다는 특징이 있습니다.

이 글에 수록된 속담을 속담 카드를 만들어 가면서 기록하는 것도 어휘 사용 능력을 키울 수 있는 방법입니다.

3. 가장 쉬운 초등 고사성어 따라 쓰기

책 소개	전문가 분석표
 나난별, 함지슬 글 ǀ 중앙북스 ǀ 2019년 3월 15일	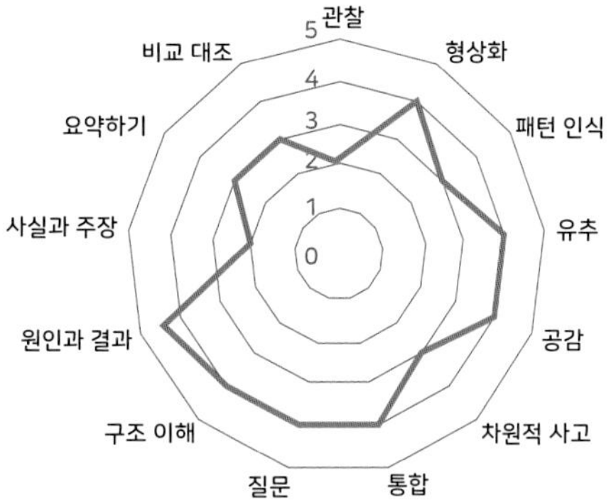

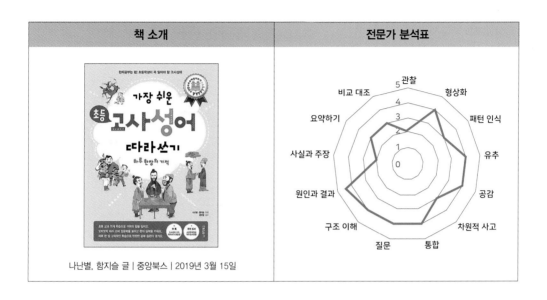

어떤 책인가요?

이 책은 40일 동안 고사성어를 익힐 수 있도록 구성된 책입니다. 고사성어가 만들어진 유래와 고사성어의 활용에 대해서 배우고 이를 써볼 수 있도록 만들어진 책입니다.

이 책은 총 5장으로 이루어졌습니다. 1장 〈노력하면 산 하나도 옮기지〉는 사람의 노력으로 큰 변화와 일을 이룬 예를 나타내는 고사성어들을 모았습니다. 2장 〈위기가 와도 움츠러들면 안 돼!〉는 인생의 고난과 역경에 대해서 어려우면 또 밝은 미래가 있고, 미래에 대비하라는 내용의 고사성어들로 이루어져 있습니다. 3장 〈인생에 즐거운 일만 있을 수 없지〉는 다양한 인생의 일면을 보여주면서 준비와 몸가짐을 단단히 하라는 뜻의 고사성어로 구성되어 있습니다. 4장 〈사람은 결국 마음과 마음으로 이어진다〉는 사람의 진실함은 바로 통한다는 뜻의 고사성어들이 수록되어 있습니다. 5장 〈멋진 사람에게 이렇게 말해 보자!〉에서도 많이 사용되는 필수 고사성어 30개를 배울 수 있습니다.

이 책을 선정한 이유는 무엇인가요?

신문이나 문학 작품에서 고사성어를 많이 사용하는 이유는 고사성어에는 글자 한 자 한 자에 힘이 있기 때문입니다. 고사성어는 대체로 4개의 글자로 사건이나 현상을 설명할 수 있는 고도의 비유적 언어입니다. 아이들이 글을 쓸 때, 고사성어를 활용하면 독창적인 글을 쓸 수 있습니다.

고사성어를 통해서 중국, 우리나라의 역사적인 인물과 사건도 배우고 그 속에 담겨 있는 삶의 지혜도 아이들이 배워나가면 좋겠습니다. 또한, 한자로 고사성어를 써보면서 어휘력을 차곡차곡 쌓아 나가면 좋을 것 같습니다.

이 책 또한 한 권의 단어 노트로 정리하고, 배운 고사성어를 일기에 한 번씩 써본다면 활용도를 높일 수 있습니다.

4. 유행어보다 재치 있는 100대 관용어·고사성어

<table>
<tr><th>책 소개</th><th>전문가 분석표</th></tr>
<tr><td>

한상남(아동문학가) 글/이예휘 그림 | 삼성출판사 | 2016년 12월 15일</td>
<td>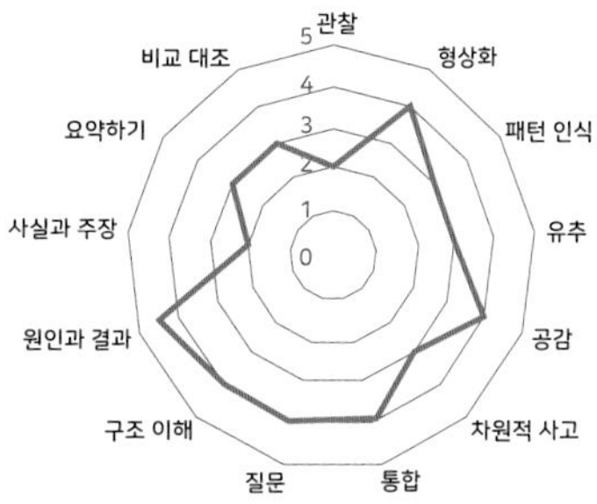
</td></tr>
</table>

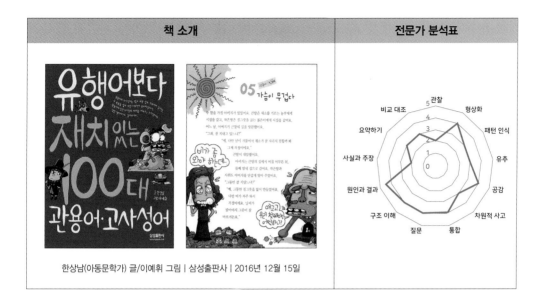

어떤 책인가요?

관용어는 본래의 낱말 뜻과는 다른 새로운 뜻으로 굳어진 비유적인 표현이 많기 때문에 그 뜻을 미리 알고 있어야 관용어의 뜻을 충분히 이해할 수 있습니다. '발이 넓다', '입을 모으다', '가슴이 넓다' 등의 언어를 말 그대로 이해하면 어떻게 될까요?

이 책은 일상생활에서 많이 쓰는 관용어를 신체, 동식물, 사물에 관한 관용어로 분류하고 아이들이 흥미로워할 소재로 풀어낸 책입니다. 만화 같은 디자인으로 구성되어 있어서 줄글이지만 아이들은 만화를 읽는 것처럼 빨려들어서 읽게 됩니다.

이 책을 선정한 이유는 무엇인가요?

요즘은 맞벌이로 바쁘신 부모님들이 많고, 아이들은 학원에 있는 시간이 많아서 아이들과 부모님이 대화하는 시간이 적어졌습니다. 아이들과 수업 시간에 이야기하다 보면 부모님과 대화를 많이 하는 아이들은 어휘를 풍부하게 사용합니다.

저학년 아이들은 관용어에 대해서 낯설어하기도 합니다. 이 책의 제목처럼 관용어를 사용하면 재치 있게 자신의 생각을 표현할 수 있습니다. 관용어를 일기 쓸 때도 사용해 보고, 아이들과 함께 관용어 맞추기 퀴즈를 진행해 보면 어렵지 않게 어휘를 익힐 수 있습니다.

5. 독해력 비타민

책 소개	전문가 분석표
 성정일 글 | 시서례 | 2011년 3월 1일	배경 지식 세부 내용 추론하기 원인과 결과

어떤 책인가요?

《독해력 비타민》은 1~6단계로 구성된 국어 독해 연습 책입니다. 이 책은 학년별로 국어 교과서 난이도의 지문으로 독해 연습을 할 수 있도록 구성되어 있습니다. 문학, 비문학 등 다양한 장르의 독해 지문을 보고 주제문 찾기, 내용 파악하기, 의미 파악하기를 통해서 지문을 분석하는 능력을 키우게 됩니다. 독해를 하면서 추론 능력, 유추 능력을 키울 수 있고, 꾸준하게 문제집을 풀면 독해 실력이 많이 향상됩니다. 문제집을 풀면서 오답을 꼭 체크해서 다시 확인할 수 있도록 지도하시면 아이들의 독해력이 많이 향상됩니다.

6. 어린이 훈민정음

책 소개	전문가 분석표
 성정일 글 | 시서례 | 2017년 3월 1일	질문하기 추론하기 배경 지식

어떤 책인가요?

《어린이 훈민정음》은 초등학교 학생들의 어휘력 향상을 위해서 나온 책입니다. 이 책은 개정된 국어 교과서에 나온 필수 어휘와 그 외 꼭 알아야 하는 반의어, 유의어, 한자어 등의 어휘들로 구성되어 있습니다. 아이들은 단어의 정의를 보고 단어 뜻을 맞추거나 십자말 풀이를 통해서 어휘를 유추하면서 어휘 실력을 쌓을 수 있습니다. 그 외에 맞춤법과 발음, 띄어쓰기, 원고지 사용법, 기초 문법도 함께 학습할 수 있습니다.

저도 독서 논술 수업을 진행하면서 아이들에게 책 읽기와 더불어 《어린이 훈민정음》 1장을 푸는 과제를 매주 내줍니다. 《어린이 훈민정음》 한 권을 다 끝나면 《독해력 비타민》을 과제로 주고, 또 학년이 올라가면 그 학년에 맞는 《훈민정음》과 《독해력 비타민》을 하도록 합니다. 그러면 아이들이 올바르게 맞춤법을 사용할 수 있고, 어휘력도 풍부해 집니다.

이렇게 활용해 보세요.

글쓰기 도구 5. 어휘 사전 만들기

배경지식 | 비교와 대조 | 분류

비트겐슈타인은 언어의 한계는 세계의 한계라고 하였습니다. 아이들도 자신이 아는 언어만큼 사고를 합니다. 책을 읽으면 어휘력이 많이 향상되지만 속담, 고사성어, 관용어 등의 어휘 공부를 더 하게 되면 어휘 유추 능력과 언어 표현 능력이 향상 됩니다.

어휘를 자신의 기준으로 뜻을 정의하고 예문을 만들어서 어휘 사전으로 정리해 보는 활동을 해보겠습니다.

1. 작은 어휘 사전을 만들 수 있도록 어휘 노트를 준비합니다.
2. 위에서 관용어, 속담, 고사성어, 관용어, 헷갈리는 우리말을 이용해서 단어 사전을 만들어 보겠습니다.

사진: 메모리 교육 <재미가 솔솔 속담카드>

02

사회

세상을 이해할 수 있는 사고력을 키워줍니다.

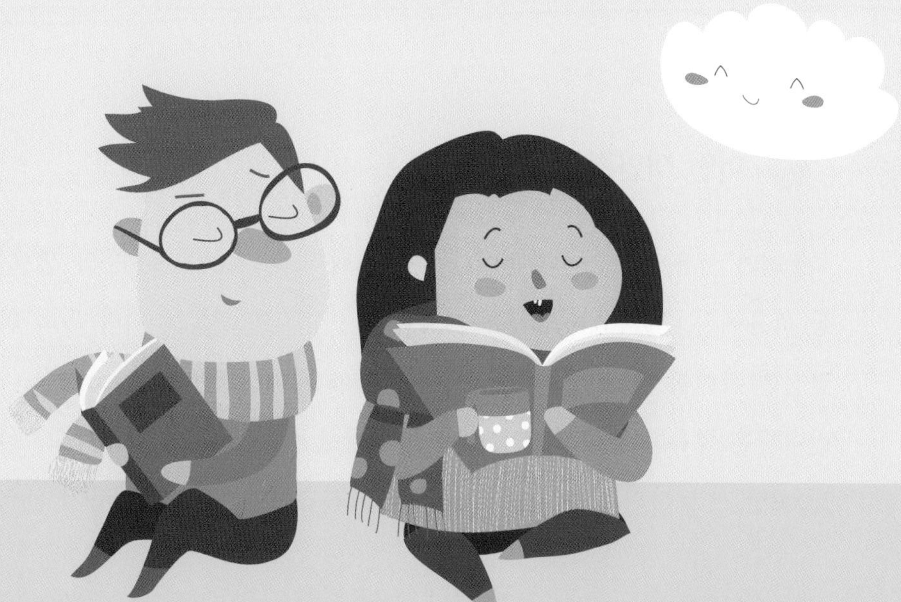

1

검은 눈물 석유

책 소개	전문가 분석표
 김성호 글/이경국 그림 | 미래아이 | 2009년 8월 12일	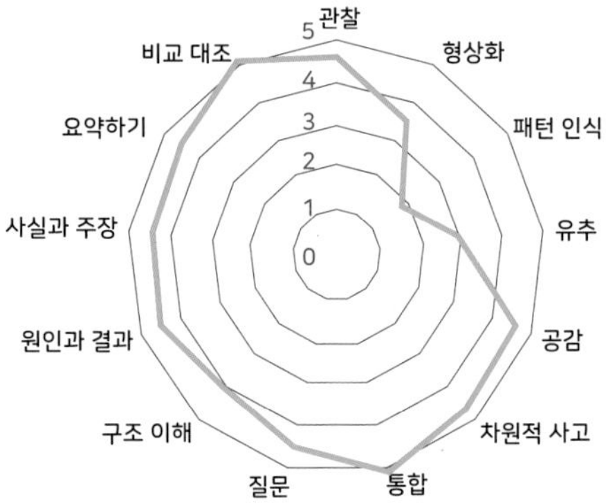

어떤 책인가요?

우리가 사용하는 가전제품이나 플라스틱 제품, 합성섬유 등의 생필품은 70% 이상 석유에서 나왔습니다. 석유는 자동차의 연료일 뿐만 아니라 우리 의식주와 아주 밀접한 관계를 맺고 있습니다. 이런 석유에 대해서 얼마나 알고 계시나요? 우리 어린이들은 석유를 통해서 어떤 새로운 궁금증을 해결할 수 있을까요? 석유의 존재는 3,200년 전 노아의 방주 때에도 알려져 있었습니다. 하지만 석유가 본격적으로 사용된 것은 1901년 땅속에서 석유를 시추할 수 있는 굴착기가 개발되면서입니다. 18세기 영국의 산업혁명을 이끌었던 에너지원이 석탄이었다면, 20세기 미국이 자동차 산업을 통해서 경제 우위를 차지할 수 있었던 이유는 석유 때문입니다.

우리나라는 석유 수입이 세계 4위, 정제 능력은 세계 5위로 에너지 대국의 위상을 갖추고 있습니다. 우리가 수출하는 자동차, 반도체, 전자 제품, 선박 등의 제품은 모두 석유 없이는 만들 수 없는 물건들입니다.

세계 전쟁의 이면에는 늘 석유가 있었습니다. 1차 세계대전에서 연합군들은 전투기 연료를 석유로 대체하면서 승리를 하게 됩니다. 그리고 2차 세계대전에서 히틀러도 석유 확보를 중요시해서 유전이 있는 루마니아를 침공했습니다. 그리고 걸프 전쟁은 석유의 주도권을 차지하기 위한 전쟁이었습니다. 현재도 석유 가격의 안정화는 세계 경제에 있어서 중요한 문제이고, 정치적으로도 민감한 문제입니다.

석유는 인류에게 편리함을 안겨주지만 환경 오염이라는 커다란 재앙을 불러일으키기도 합니다. 인류가 석유와 석탄 같은 에너지를 사용할수록 지구 온난화가 가속화됩니다. 또 기름 유출 사고나 원유를 운송하는 송유관이 파열돼서 나오는 기름은 환경 오염의 직격탄이 됩니다. 석유, 석탄의 에너지 소비율이 점점 늘어남에 따라 지구에 매장된 석유가 곧 고갈될 것이라는 주장과 반면에 석유 시추 방법의 발달로 석유를 더 끌어낼 수 있다는 주장이 맞서고 있습니다. 우리는 석유가 사라진 이후의 에너지 자원에 대해서 미리 대비해야 합니다. 태양광, 태양열, 수소, 바이오 에너지와 같은 신재생 에너지의 개발과 함께 에너지를 아껴 쓰는 방법도 실천해야 합니다.

이 책을 선정한 이유는 무엇인가요?

6-1 사회 교과서 3단원은 〈우리나라의 경제 발전〉이라는 단원으로 소단원 1에서는 우리나라 경제 체제의 특징에 대해 배웁니다. 개인과 기업이 자유로운 경쟁을 통해서 합리적인 선택을 하고 이를 통해서 국가 전체의 경제 발전에 도움이 됩니다. 소단원 2에서는 우리나의 경제 성장에 대해서 1960년대에서 1990년대 이후까지 시대

별 경제 정책에 대해 배우게 됩니다. 석유화학은 1970년대의 정부의 중화학 공업 육성 계획을 통해 철강, 기계, 조선, 전자 등의 산업과 함께 성장했습니다. 1980년대를 거쳐 산업 구조가 경공업에서 중화학 공업으로 바뀌면서 수출액과 국민소득이 증대되었습니다. 교과서 그래프 자료를 통해 시대별 경공업과 중화학 공업의 수출 비중과 연도별 수출액, 국내 총생산의 변화 등을 알 수 있습니다.

소단원 3단원에서는 국가 간의 수출과 수입에 대한 단원입니다. 우리나라는 수출을 하면서 국가 경쟁력을 갖추고, 세계 시장에서의 경쟁은 치열하다는 것을 배우게 됩니다. 6학년 사회의 3단원에는 자유 경제 체제의 장점과 우리나라의 경제 발전과 주역 산업, 그리고 수출과 수입에 대해서 배우게 됩니다.

제가 《검은 눈물 석유》라는 책을 선정한 이유는 3가지 이유가 있습니다. 먼저 이 책을 통해서 경제 현상에 대해서 관심을 가지게 됩니다. 요즘 아이들은 경제 관념이 빠릅니다. 아이들에게 수요, 공급 같은 경제 용어를 가르쳤더니 구제역이 일어나서 돼지고기 공급이 적어지자 가격이 올라간다는 내용도 쉽게 이해하였습니다. 또한, 경제는 합리적인을 선택을 중요하게 생각하므로 아이들이 판단을 팔 때, 우선순위를 생각하고 결정하는 데 도움이 됩니다. 원류 수입 가격이 오르면 제품 가격도 오르는 현상을 인과 관계로 이해하는 데도 도움이 됩니다.

두 번째, 석유를 통해서 세계사에 대해서 배울 수 있습니다. 산업혁명의 원동력은 석탄이었고, 20세기 자동차 산업을 이끈 미국의 힘은 석유에 있다는 것을 알게 됩니다. 석유 때문에 일어났던 전쟁의 이면도 이해하게 됩니다. 9·11테러와 걸프전, 이라크 전쟁 등 미국이 일으킨 무수한 전쟁의 뒤에는 석유를 비롯한 천연자원을 확보하려는 목적이 있었습니다. 지도를 통해서 전쟁이 일어났던 지역과 참전한 국가도 함께 찾아볼 수 있습니다.

마지막으로 석유 산업의 발달을 통해서 혁신적 사고를 배우게 됩니다. 부모님들은 우리나라가 기름 한 방울도 나지 않는 나라라고 초등학교 시절에 배웠었는데 이제는 석유 정제 기술이 뛰어나서 석유를 수입한 나라에 정제 석유를 재수출한다니, 이것이야말로 혁신의 결과가 아닐까요? 6-1학기 사회 교과서를 보면 우리나라 전체 산업 구조의 변화를 알 수 있지만, 특정 산업의 변화는 알 수 없습니다. 《검은 눈물, 석유》를 읽으면서 우리나라 수출입 품목의 순위에 대해서도 확장해서 알아볼 수 있습니다. 석유를 통해서 산업 발전과 미래 에너지원에 이르기까지 다각도로 생각을 해 나갈 수 있습니다.

책 속으로

우리나라 석유 산업은 1962년 제1차 경제 개발 5개년 계획과 함께 시작되었어요. 그 핵심 내용을 살펴보면, 공업 생산 기반의 확충과 수출 산업의 육성이었어요. 그러나 이런 경제 정책을 성공적으로 추진하기 위해서는 무엇보다도 석유를 안정적으로 확보하고 있어야 했어요.

우리나라는 정유 산업의 강국이에요. 모두 다섯 개의 정유 공장이 있는데, 여기에서 하루에 정제하는 양은 275만 5,000배럴(2005년 기준)로 세계 5위에요. 일부는 다른 나라로 수출도 하는데 자동차, 반도체, 선박, 무선통신 기기와 함께 5대 수출 품목 중 하나랍니다.

관세청 발표에 따르면, 2008년에 우리나라는 반도체와 승용차보다 기름을 더 많이 외국에 수출했어요. 석유가 나지 않는 우리나라가 기름을 수출했다니 이상하죠? 그것은 원유를 이용해서 만든 휘발유, 경유 등의 석유 제품들을 수출했다는 말이에요.

우리나라 석유 산업은 비약적인 발전을 해서 2017년 기준으로 석유화학 수출이 반도체와 승용차 등의 순위로 5위를 차지했습니다. 우리나라의 정유 수준은 세계 최고의 수준으로 32개국에서 원유를 수입해서 65개국에 수출하고 있습니다. 원유를 수출한 나라 21개국은 다시 한국산 석유 제품을 수입해서 쓰고 있다는 사실이 정말 놀랍습니다.

불가능하다고 생각되는 일을 가능하게 만드는 것이 바로 창의적인 발상이고 큰 꿈을 그리는 것입니다. 자율주행 자동차 테슬라의 CEO인 일론 머스크 스페이스 X 프로젝트를 진행하면서 민간인도 우주여행을 할 수 있도록 꿈을 꾸고 사업을 진행하고 있습니다. 자신의 꿈을 크게 그릴 수 있는 것도 아이들만의 능력입니다. 어려운 에너지 문제의 돌파구를 석유 산업을 성장시키면서 찾았습니다.

20세기부터 석유는 물처럼 필수품이 되었어요. 석유가 우리 생활에 깊게 뿌리내릴수록 그만큼 더 많이 필요해졌지요. 석유가 펑펑 쏟아지는 산유국들은 금세 큰돈을 벌었지요. 석유 사업을 하는 사람들과 석유 회사들도 엄청나게 큰돈을 벌었어요. 그래서 사람들은 석유를 '검은 황금'이라고 불렀지요.

유명한 저널리스트인 윌리엄 엥달은 이렇게 말했어요. "20세기 이후의 전쟁에는 석유가 있었다." 지금도 세계 곳곳에서는 석유 때문에 끊임없이 전쟁이 일어나고 있지요. 사람들은 이제 석유를 검은 황금이라고 부르지 않아요. 석유 때문에 전쟁이 일어난다고 해서 '악마의 검은 피' 혹은 '검은 눈물'이라고 부르죠.

1991년 1월 17일 새벽, 고요한 이라크의 수도 바그다드는 미국의 미사일 폭격으로 불바다가 되었어요. 미국의 뉴스 전문 채널인 CNN은 이 모든 광경을 위성 생중계로 촬영하여 세계에 알렸죠. 쿠웨이트가 이라크에게 점령당하자 미국을 포함한 영국, 사우디아라비아 등 33개국의 다국적군이 중동으로 몰려가서 쿠웨이트가 점령당한 지 209일 만에 사담 후세인이 항복을 했어요.

이라크가 쿠웨이트를 침공하자 다국적군은 인도적으로 쿠웨이트를 도와주는 듯했습니다. 하지만 미국의 전직 고위 관리의 "만일 쿠웨이트가 당근이나 키우고 있었다면 우리는 전혀 상관하지 않았을 것이다."라는 말을 통해서 전쟁의 참모습을 짐작해 볼 수 있습니다. 미국은 이라크 전쟁으로 러시아, 프랑스, 중국 등에 비해 상대적으로 소외되었던 이라크 유전 개발 주도권을 가져갔습니다. 전쟁의 이면에 숨겨진 자원 확보를 위한 국제 사회의 냉혹함을 느낄 수 있습니다.

석탄이나 석유, 천연가스를 연료로 사용하면서 생기는 가장 큰 문제는 바로 환경 오염이에요. 석탄처럼 석유도 탄화수소 덩어리예요. 탄화수소는 불에 타면 이산화탄소가 만들어지죠. 인류가 석유와 석탄 같은 탄화수소 에너지를 사용하면 할수록 공기 중에 이산화탄소가 점점 더 많아져요. 이산화탄소의 증가는 지구 온난화의 원인들 중 하나에요.

사실 석유는 위험한 물질이에요. 특히 정제되지 않은 원유는 황이나 황화수소 같은 유해한 물질들이 잔뜩 들어 있지요. 실수나 사고로 바다에 쏟거나 함부로 버리는 것은 생물체와 환경에게 독약을 마시게 하는 것과 같아요.

2007년에 12월 7일에 태안 앞바다에서 유조선과 삼성중공업 크레인의 충돌로 발생한 대량 원유 유출 사고가 일어났습니다. 바다 생물들은 떼죽음을 당했고, 많은 자원봉사자가 직접 가서 바위에 묻은 기름을 닦는 등 노력을 다했습니다. 자연을 복구시키기 위해서 엄청난 시간과 노력이 들었습니다.

석유는 인간 생활을 편리하게 하지만 환경 오염을 일으킵니다. 원자력 에너지 개발에 대해서는 토론 논제로 많이 다루어지지만, 정작 우리가 늘 타고 다니는 대중교통, 자동차의 원료인 석유 문제를 아이들이 이해할 수 있도록 다룬 책이 부족합니다. 이 책은 석유를 통해서 경제, 정치, 환경, 세계사를 이해하는 데 커다란 도움이 되는 책입니다.

★ 그래프, 차트 비교 분석하면서 읽기
★ 세계 지도를 보면서 석유 수출량 비교해 보기
★ 석유가 만드는 제품을 분류하면서 읽기
★ 이라크 전쟁을 통해서 인과관계 이해하기

이렇게 활용해 보세요.

글쓰기 도구 6. 시각화하기

초등학교 사회 교과서에 나오는 통계 자료를 시각화해서 한눈에 알아보기 쉽게 표현하는 방법을 찾아보겠습니다. 자료를 시각화해서 정리하면 수업 시간에 발표를 하거나 과제를 제출할 때 도움이 됩니다. 요즘 아이들은 컴퓨터를 잘 활용하기 때문에 ppt나 엑셀 또는 한글 프로그램을 이용해서 데이터 자료를 시각화할 수가 있습니다.

우리나라 석유 제품 수출 상대국의 현황과 우리나라 10대 수출품을 그래프로 정리해 보면서 독후 활동을 해 보겠습니다.

(가)

2015 석유제품 수출 상위 10개국

(단위: 천Bbl, 천 $)

	물량	가격	단가
싱가포르	76,807	4,893,893	63.86
중국	72,338	4,109,207	57.09
호주	58,164	3,837,900	66.47
일본	57,206	3,259,173	57.16
미국	37,627	2,566,833	66.88
인도네시아	30,011	2,016,436	65.92
말레이시아	24,191	1,487,322	62.60
네덜란드	22,559	1,474,730	64.83
홍콩	19,177	1,238,211	64.54
대만	18,052	1,057,166	63.83

(나)

한국의 10대 수출 품목 (단위: 억달러, %)

품목	수출액	수출비중
전기기계장치와 기기	977	17.0
자동차	729	12.7
석유 및 석유제품	525	9.2
기타 수송장비	404	7.0
통신 및 녹음기기	399	7.0
전문·과학·통제기구	302	5.3
철강, 플라스틱제품	274	4.8
유기화학물	241	4.2
산업용 일반기계 및 장비	197	3.4

*2014년 기준 *자료: 한국경제연구원

(가)는 2015 석유 제품 수출 상위 10개국이고, 나)는 한국의 10대 수출 품목입니다. 이 자료를 효과적으로 시각화할 수 있는 방법에 대해서 그래프로 그려 보겠습니다.

(가)의 차트를 보겠습니다.

① 세계 지도를 찾아서 사진으로 저장합니다.

② 10개 나라의 위치를 찾습니다.

③ 위치를 원으로 표시하고 숫자를 표시합니다.

④ 그래프를 완성합니다.

⑤ 그래프를 통해 석유 제품 수출 규모를 비교해 볼 수 있습니다.

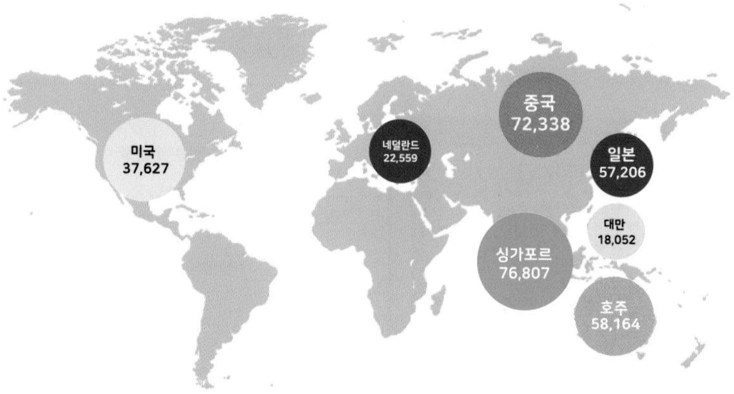

(나) 우리나라 10대 수출 품목의 비중을 확인해 봅니다.

① 우리나라 10대 수출 품목을 확인하고 비중을 확인해 봅니다.

② ppt에서 그래프 그리기를 열어서 원그래프를 클릭합니다.

③ 차트에 수출 품목과 숫자를 기입해 넣습니다.

④ 원그래프를 한눈에 볼 수 있게 됩니다.

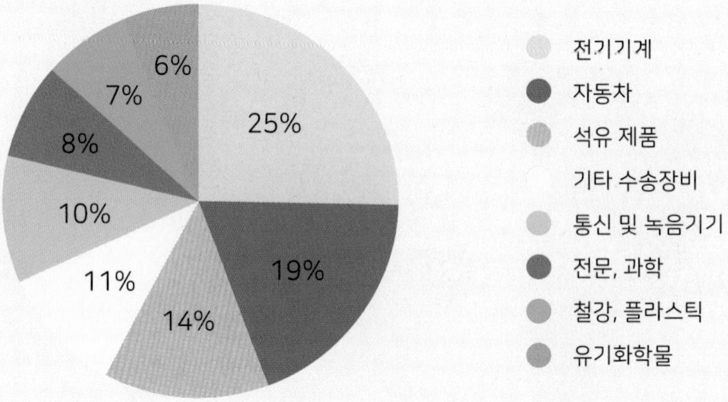

다음은 《검은 눈물 석유》를 읽고 석유에 관한 발표 자료를 만들어 보겠습니다.

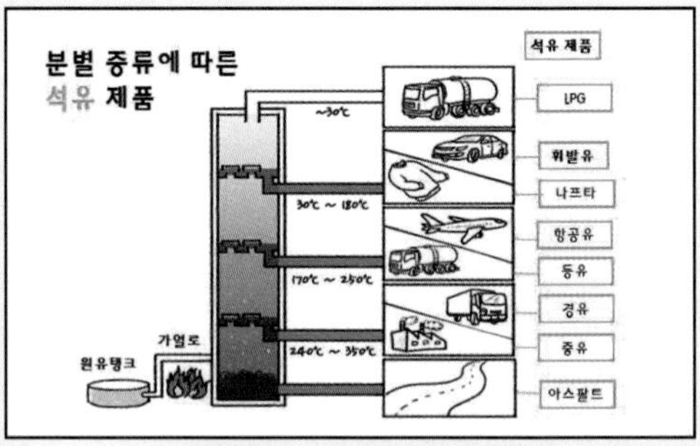

(단위 : 백만달러)

2017년 상반기			2018년 상반기		
순위	품목명	수출액	순위	품목명	수출액
1	반도체	42,879	1	반도체	61,272
2	일반기계	24,181	2	일반기계	26,503
3	선박류	23,912	3	석유화학	24,958
4	석유화학	22,057	4	석유제품	21,922
5	자동차	21,481	5	자동차	20,284
6	철강제품	16,865	6	철강제품	16,818
7	석유제품	16,391	7	자동차부품	11,611
8	디스플레이	13,211	8	디스플레이	11,131
9	자동차부품	11,906	9	선박류	10,752
10	무선통신기기	11,001	10	무선통신기기	9,044

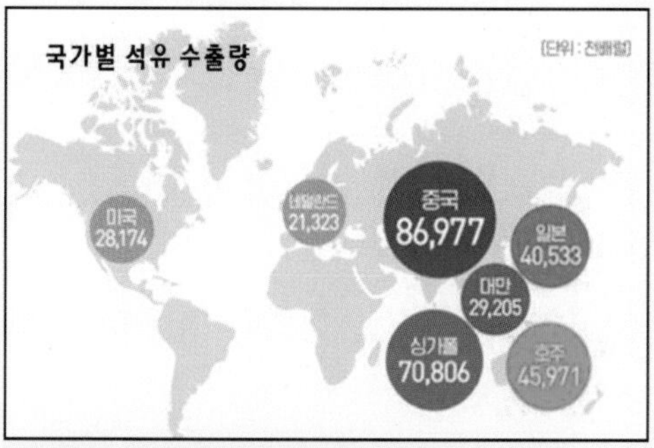

국가별 석유 수출량 [단위 : 천배럴]

미국 28,174
네덜란드 21,323
중국 86,977
일본 40,533
대만 29,205
싱가폴 70,806
호주 45,971

태안 기름 유출 사고
- 2007년 유조선과 해상 크레인 충돌
- 어민과 상인 막대한 손해
- 5개월간 방제 활동
- 방제 비용 180억
- 복구 기간

검은 눈물 석유
• 1차 세계 대전 - 석탄에서 석유 연료로 전환
• 2차 세계 대전 - 석유 확보 못한 독일, 일본 패
• 1차 걸프 전 - 미 이중동 지역 석유 통제
• 미국 및 석유 개발
 계

대체 에너지
풍력 발전
태양력 에너지
조력 발전소
바이오 에너지

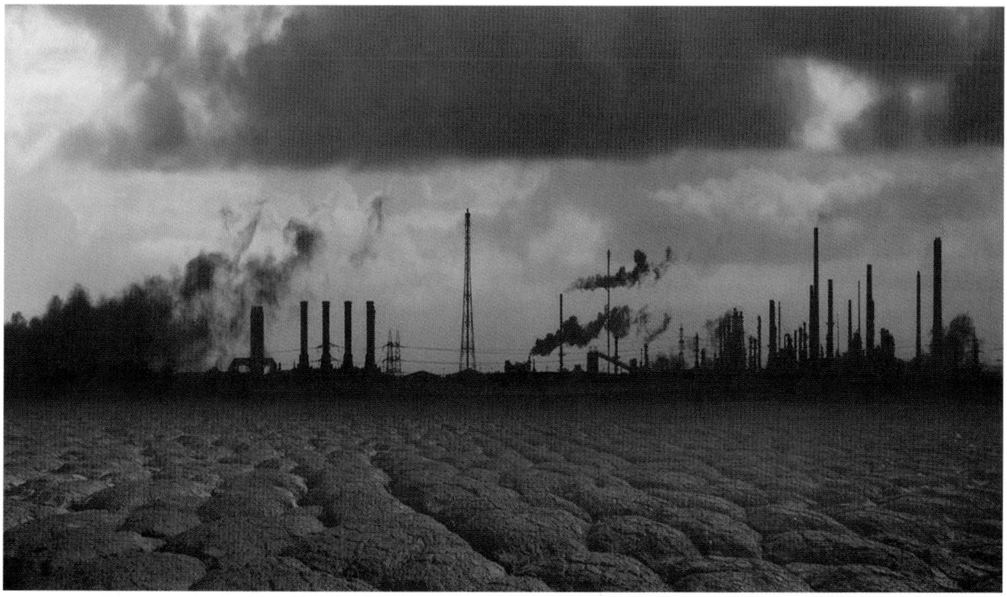

2

세계사로 배우는 법 이야기

책 소개

신현배(아동작가), 유재원(변호사) 글/임혜경 그림
살림어린이 | 2014년 4월 18일

전문가 분석표

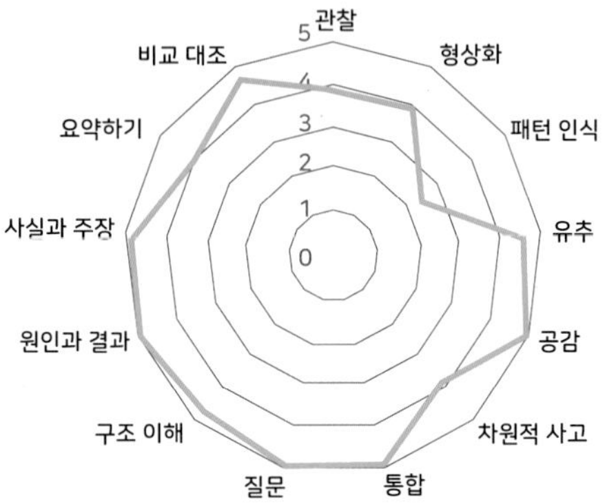

어떤 책인가요?

법과 세계사에 관심이 많은 별별이는 학교 방과 후 교실인 '어린이 로스쿨'에서 수업을 듣게 됩니다. 수업을 진행하는 분은 변호사이십니다. 이분은 아이들에게 세계 역사를 바꾼 다양하고 흥미로운 12가지 재판들에 관한 이야기를 들려줍니다. 먼저 세계사에서 커다란 반향을 일으켰던 세기의 재판 과정에 대해서 배우게 됩니다. 그 다음 이 사건을 이해하기 위해서 필요한 세계사를 상세히 설명해 주십니다. 그 후 유재원 변호사는 각 재판에 사용된 법률을 살펴보고, 이 법률이 현대 사회에서는 어떤 의미가 있는지 해석해 주는 형식입니다.

먼저 중국 한나라 역사가였던 사마천의 재판 현장으로 갑니다. 사마천은 황제의 뜻을 거역한 반역 죄인으로 몰려 사형을 받게 되었습니다. 하지만 그는 사형 대신 형벌을 받게 되고 긴 시간 동안 130권의 중국 최고의 역사책 《사기》를 집대성하게 됩니다. 두 번째 재판 현장은 기원전 399년, 그리스 아테네입니다. 소크라테스는 신을 믿지 않는다는 이유로 고발이 되었습니다. 세 번째 사건은 중세 시대의 마녀 재판을 다루고 있습니다. 그리고 현대의 시각에서 마녀 재판의 문제점을 밝혀 줍니다.

그 외에 17세기 과학 혁명을 이끈 갈릴레이의 재판, 19세기 흑인 노예들을 자유인으로 판결한 아미스타드 호 반란 사건 등 세계사에서 커다란 획을 그었던 사건들을 자세하게 살펴볼 수 있습니다. 또한, 피고인, 변호사, 원고의 견해를 들어 보면서 판결의 의미와 세계사를 함께 배워 나갈 수 있는 책입니다.

초등교과 연계

사회

- 5-1-2-1 인권을 존중하는 삶
- 5-1-2-2 법의 의미와 역할
- 5-1-2-3 헌법과 인권 보장
- 6-1-2 민주주의 발전과 시민 참여
- 6-1-3 민주정치의 원리와 국가 기관의 역할

이 책을 선정한 이유는 무엇인가요?

5-1 2단원은 〈인권 존중과 정의로운 사회〉입니다. 이 단원에서는 인권의 중요성과 법의 역할, 헌법과 인권 보장을 배우게 되는데요. 1장〈인권을 존중하는 삶〉에서는 《홍길동전》의 저자 허균, 어린이날을 개정한 방정환, 테레사 수녀, 마틴 루서 킹이 소외받던 사람들, 차별받던 사람들의 인권을 개선하기 위해 노력한 점을 배웁니

다. 2장 〈법의 의미와 역할〉은 일상생활에서 필요한 법에 대해 알아보고, 재판 현장을 이해하기 위해서 판사, 검사, 변호인, 피고인의 역할을 설정한 모의재판을 진행합니다. 3장 〈헌법과 인권 보장〉에서는 헌법의 의미와 역할에 대해 배우고 '셧다운 제도'가 청소년의 자유권을 침해하는지에 관해 법률 소원 과정을 통해서 법률을 판결해 보게 됩니다. 5-1 2단원에서는 인권과 법의 의미에 대해서 중요하게 다루고 있다는 것을 알 수 있습니다.

6-1 사회 2단원은 〈우리나라의 정치 발전〉입니다. 소단원 1. 〈민주주의의 발전과 시민 참여〉에서는 4·19, 5·18, 6월 민주항쟁을 통해 우리나라 민주주의 발전 과정을 배웁니다. 대한민국 헌법 전문 "1948년 7월 12일에 제정하고 여덟 번에 걸쳐 고친 헌법을 이제 국회의 의결을 거쳐 국민 투표에 따라서 고친다."라는 글에서 나타나는 것처럼 국민들의 민주화 요구에 따라 헌법과 법을 개정해 나갔습니다. 소단원 2.〈민주 정치와 원리와 국가 기관의 역할〉에서는 법률 제안서를 작성해 보면서 국회의 역할을 이해할 수 있습니다. 소단원 3.〈민주 정치의 원리와 국가 기관의 역할〉에서는 대형 할인점 휴무일이 만들어진 절차와 법 개정 과정을 통해 민주 정치가 적용되는 원리에 관해 알게 됩니다.

6-1 2단원에서는 역사적으로 우리나라의 법률이 제정되고 개정되는 방법과 절차와 유의점에 대해서 배우게 됩니다.

5, 6학년 사회 시간에는 법률 조항을 직접 작성해 보고 실제로 재판에 참여하는 수업이 많기 때문에 법에 관한 관심이 많이 필요합니다. 하지만 법이라고 하면 딱딱한 이미지의 판사, 변호사가 떠오르고 머리가 아픈 판결문 등이 떠오릅니다. 이 책은 다음과 같은 이유로 아이들이 흥미롭게 법에 관해서 배울 수 있는 책입니다.

제가 이 책 《세계사로 배우는 법 이야기》를 선정한 이유는 3가지입니다. 먼저 아이들이 법에 대해 친근한 접근이 가능하다는 점입니다. 책 속의 유재원 변호사는 전 세계에서 벌어진 사건, 사고들을 법의 눈으로 친절하게 해석해 놓았습니다. 이것은 법을 딱딱하게 느끼는 어린이들에게 흥미를 불러일으킬 만한 요소가 충분합니다. 다양한 사건들에 대해 법률을 적용해 가면서 평가하게 되고, 재판을 통해서 사회적·도덕적 가치도 함께 생각하게 됩니다.

둘째, 시대의 흐름에 따른 법의 역할을 과학, 예술, 종교와 비교해서 생각할 수 있습니다. 법 위에 국왕이 군림했던 시기도 있었고, 교회가 과학적 사실을 재판했던 때도 있었습니다. 하지만 현대 사회에서도 여전히 법이 예술을 평가하기도 합니다. 저자는 소크라테스가 말한 "악법도 법이다."라는 말의 뜻은 법은 처음부터 완벽할 수 없기 때문에 세상의 변화에 따라 달라져야 한다고 해석하였습니다.

마지막으로 원고, 피고인, 재판관 등이 주장하는 내용을 다양한 관점에서 바라보면서 상대방을 이해하는 공감 능력을 키울 수 있습니다. 또한, 소크라테스의 최후의 변론, 토마스 모어가 사형 전에 남긴 말을 읽으면서 잘못된 재판으로 희생당했던 사람들에 대해 안타까움을 느끼게 됩니다. 여성의 참정권을 위해서 수전 엔서니를 변론한 변호사의 주장과 근거를 읽으면 사회에 불의의 맞서는 사람들의 용기도 배울 수 있습니다.

Best Pick 3

마녀재판이 많이 벌어졌던 시기는 흉년, 전쟁, 전염병 등이 유럽을 휩쓸던 중세였어요. 특히 14세기 중반에 퍼지기 시작한 페스트는 전 유럽을 절망과 공포의 도가니로 몰아넣어, 당시 유럽 인구의 3분의 1에 이르는 2,500만 명 이상이 목숨을 잃었어요. 어떤 사회가 위기에 처했을 때 그 책임을 떠넘기고 사람들의 관심을 돌릴 희생양을 찾게 마련이지요. 성직자들과 귀족들은 죄 없는 여자들을 희생양으로 삼아 마녀로 몰아 죽였던 거예요. 따라서 당시에 마녀재판이 성행했던 거지요. (중략)

사이버 댓글 소동을 어떻게 보아야 할까. 사회적 이익(공익)을 위해 정당하게 의견을 말하는 것은 좋지만, 익명으로 활동하면서 다른 사람에게 나쁜 소문을 퍼뜨리는 것은 현대판 마녀사냥인 거야. "○○은 마녀다."라고 종교 재판소에 신고했던 사람과 뭐가 다르겠니?

상상 속 마녀들을 현실에서 고문한다는 것은 과연 바람직한 일일까요? 중세 시대에 비이성적인 태도로 멀쩡한 사람을 마녀로 몰아갔던 것처럼 현대 사회에서도 여전히 마녀 재판이라는 단어를 신문에서 볼 수 있습니다. 인터넷 기사나 댓글을 통한 여론몰이의 위험성에 대해서 아이들과 이야기를 나누어 볼 수 있겠습니다.

판사(사법부 또는 사법권)가 재판을 할 수 없는 사항들은 대표적으로 다음과 같은 것들이 있단다. ① 종교적인 문제에 대한 판단(신이 있느냐 없느냐의 문제, 신을 모독했느냐 안 했느냐의 문제 등등) ② 사회과학이나 자연과학의 여러 진리, 현상에 관한 판단(피타고라스 정리가 사실인지 아닌지의 사실, 지구가 둥그냐 아니냐의 사실 등등) ③ 정치 현실에 대한 평가(우리나라의 대통령이 훌륭한지 아닌지의 문제, 미국의 공화당이 올바른지 민주당이 올바른지의 문제 ④ 경제 문제나 문화 현상에 대한 평론(우리나라 주가가 폭락한 이유, 클래식 음악과 힙합 음악 중에 어느 것이 나은지의 문제) ⑤ 역사적 사실에 대한 평가(이승만이 김구보다 훌륭했는지, 이성계가 고려를 무너뜨려 조선 왕조를 만든 것이 잘할 일인지 등등)

수학자이자 과학자였던 갈릴레이가 "태양이 도는 것이 아니고 지구가 돈다."라고 했다면 이것은 과학적 주장인 거야. 재판에는 사법 본질상의 한계가 있는데

이번 갈릴레이 사건은 과학적인 진리와 관련된 것이고 종교적인 사항까지 들어가 있지 않니? 그러니까 애초부터 갈릴레이에 대한 재판은 문제가 있는 거야. 갈릴레이가 "화학의 영역에 개입하고 거짓된 천동설을 유포하는 로마 교황청은 문제가 있다. 내 지동설이 과학적으로 옳다."라고 해도 재판소는 그런 것에 대해 재판할 수 없는 거란다.

지구 중심설에 관해서 갈릴레이보다 먼저 책을 남긴 사람은 폴란드 신부였던 코페르니쿠스입니다. 갈릴레이가 근대 과학의 선구자로 불리는 이유는 피사에 사탑에서 깃털과 쇠구슬을 떨어뜨리는 실험, 경사면에 공을 굴리는 실험 등을 통해서 물리현상을 수학적으로 증명했기 때문입니다. 하지만 '지구가 돈다'는 갈릴레이의 종교 재판은 사람들의 관심을 극적으로 끌고 있습니다. 갈릴레이의 재판을 통해서 법률이 자연과학, 종교, 사회과학에 관해서 재판이 불가능한 이유에 관해서도 설명할 수 있게 됩니다.

"내가 묻는 말에만 대답하십시오. 히틀러와 당신은 유대인 집단 학살에 대해 전혀 몰랐습니까?"

"제가 방금 말했듯이, 총통은 그런 사실을 전혀 몰랐을 거예요. 저도 그런 일이 어느 정도인지는 알지 못했어요."

"어느 정도인지는 몰라도 유대인 집단 할살에 대해서는 알고 있었다고요?"

"아니요, 저는 유대인들을 외국으로 쫓아보내려 했다는 사실만 알았을 뿐이에요. 그들을 집단 학살했다는 것은 전혀 몰랐어요."

괴링은 재판을 받는 동안 유대인의 집단 학살에 대해 전혀 몰랐다고 자신의 혐의를 부인했어요. 괴링은 유대인 집단 학살에 대해 자신은 아무 책임이 없다고 강조했어요.

1945년 11월 20일, 독일 남부 뉘른베르크에서 열린 전쟁 범죄 재판 과정입니다. 나치 전범들은 자신들은 상부의 명령을 충실하게 따른 것이었지, 그것이 범죄인지 몰랐다고 말하고 있습니다. 한나 아렌트는 《예루살렘의 아이히만: 악의 평범성에 관한 보고서》에서 이들의 범죄는 악한이 저지른 '본질적인' 악이 아니라 사유 능력이 없는 꼭두각시 관료가 저지른 '평범한' 악이라고 설명합니다. 아렌트는 "우리는 누구나 악을 행할 수 있는 상황에 놓일 수 있다. 하지만 그런 상황에서도 우리는 타인의 입장을 생각할 수 있다."라고 말하면서 반성적 판단 능력을 길러야 한다는 것을 강조하고 있습니다.

이 재판을 통해서 사유의 중요성에 대해서 생각해 보게 됩니다.

- ★ 세계사에서 역사적 의미 찾아보면서 읽기
- ★ 인물의 업적 찾아보기
- ★ 법률 해석 정리해 보기
- ★ 피고, 재판관, 증인의 주장 비판적으로 생각하기

이렇게 활용해 보세요. 글쓰기 도구 7. 판결문 쓰기

당신은 자유, 평등, 인권을 생각하는 합리적 나라의 재판관입니다. 책 속의 등장인물은 과거 재판 결과에 대해서 재심을 청구하게 됩니다. 소크라테스는 사형 판결에 대해서 항소를 하고, 토마스 모어도 사형을 받기 전 고등법원에 재소를 하게 됩니다.

1. 먼저 책 속의 사건 개요와 판결문을 다시 요약해서 써 보겠습니다.
2. 이 재판이 잘못된 이유와 항소 이유를 쓰면서 재심을 청구합니다.
3. 고등법원의 재판관으로 사건들을 재심하여 다시 판결문을 써보겠습니다. 이때 잘못된 판결로 인권을 침해받은 사람들에게 국가가 보상을 해 주어도 됩니다. 이 과정을 바탕으로 판결문을 써서 정리해 보겠습니다.

사건: **갈릴레이의 지동설 재판**

사건 개요 및 판결: 갈릴레이는 태양이 세계의 중심이며, 지구가 태양의 주위를 돌고 있다는 내용의 책을 써서 사람들에게 터무니없는 주장을 펼친 혐의로 유죄 판결을 받았습니다. 또한 그가 쓴 책 〈천문학에 대한 대화〉는 금서로 정해지고 상무청에 감금당했습니다.

재심 청구: 갈릴레이에 관한 판결은 그 당시 자연에 관한 관찰 부족과 교회법의 절대적인 지위를 이용한 잘못된 판결이므로 이 사건을 다시 재판해 주시길 바랍니다.

판결: 사법권의 내재적 한계로 과학적 현상은 법이 판단할 수 없는 문제입니다. 그리고 과학 기술의 발달로 갈릴레이의 관찰 결과와 책 내용이 정확한 것으로 확인되어, 그의 책은 금서에서 해제되고 국가는 갈리레이에 대해 3억을 배상해 주어야 합니다.

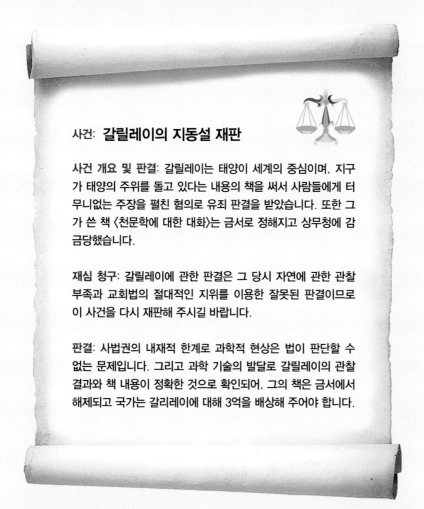

3

주니어 아틀라스 세계는 지금

책 소개	전문가 분석표
 장크리스토프 빅토르, 도미니크 푸샤르, 카트린느바리슈니코프 글 책과함께 어린이 l 2011년 11월 8일	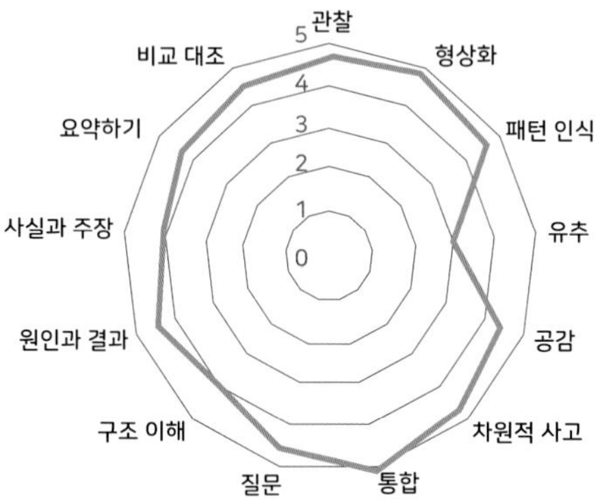

어떤 책인가요?

《주니어 아틀라스 세계는 지금》은 시시각각으로 변하는 전 세계의 다양한 모습을 한눈에 공부할 수 있는 지도책입니다. 약 70억 명이 사는 지구는 어떤 모습일까요?

이 책은 6개의 주제로 구성되어 있습니다. 1장 〈지도 위의 세계지도〉에서는 지리학의 연구 방법에 대해 배우게 됩니다. 고지도를 보면 세상의 끝을 낭떠러지로 묘사하거나 거북이 등 위에 세상을 그린 지도를 볼 수 있습니다. 고대인들이 그린 지도를 보면서 그들의 세계관을 알아 볼 수 있습니다.

2장 〈지구와 사람들〉에서는 전 세계의 어린이들의 수, 인구 고령화, 도시의 인구 집중 현상을 주제로 한 지도를 사진 자료와 함께 비교할 수 있습니다. 3장 〈불평등한 세계〉에서는 기술 발달과 네트워크의 연결로 국가 간의 교역이 활발해진 세계화의 모습에 대해서 배우게 됩니다. 세계화의 이면에는 가난한 나라와 부자 나라 사이의 불평등이 존재한다는 것도 알 수 있습니다. 4장 〈세계를 둘러싼 분쟁〉에서는 석유, 물, 종교 문제로 발생하는 세계 분쟁, EU의 역사와 역할에 대해서 자세하게 설명하고 있습니다. 5장 〈세계와 지켜야 할 자연〉에서는 위험에 빠진 원시 부족과 멸종 위기의 동물과 식물, 기후 변화, 물 부족 등 지구 환경의 위험에 대해서 다루고 있습니다. 6장 〈앞으로의 세계〉에서는 세계의 문제점과 지구 환경을 보호할 수 있는 방법을 제시합니다. 저자는 책에서 '물질의 부유함'을 추구하는 경제 성장이 목표가 아닌 '삶의 질'을 향상시키는 경제 발전을 이루어야 한다고 강조하고 있습니다.

저자 장 크리스토프 빅토르는 정치 현상과 지리적 관계를 연구하는 정치지리학을 공부했습니다. 프랑스 아르테 방송에서 〈지도의 이면〉이라는 프로그램을 기획했고, 현재 유튜브 채널을 통해서도 방송을 볼 수 있습니다. 《아틀라스 세계는 지금》이라는 책을 어린이용으로 만든 책이 바로 《주니어 아틀라스 세계는 지금》입니다. 저자는 어린이들이 세계를 올바르게 바라볼 수 있도록 객관적인 자료와 균형 잡힌 시각으로 글을 썼습니다. 그는 아이들이 스스로 세상을 이해하고 행동할 수 있는 생각의 도구를 갖기를 바라고 있습니다.

초등교과 연계

- 사회 6-1-3-3 세계 속의 우리나라 경제
- 국어 6-1-가 짜임새 있게 구성해요.

이 책을 선정한 이유는 무엇인가요?

6-1 사회 교과서 3-3단원은 〈세계 속의 우리나라 경제〉라는 주제입니다. 이 단원에서는 다른 나라와 우리나라의 경제 교류 사례를 수입과 수출 품목으로 배우게 됩니다. 우리나라의 주요 수출품과 수입품, 국가 간의 무역 분쟁을 배우면서 세계화의 장점과 문제점에 관해서 이해할 수 있습니다.

〈주니어 아틀라스 세계는 지금〉은 사회 교과서 속의 세계 지리, 다른 나라의 문화, 현대 사회의 문제점을 이해하는 데 효과적입니다. 그리고 저는 3가지 이유로 이 책을 추천합니다.

첫째, 정보, 데이터, 지식을 시각적으로 표현하였습니다. 지구에 사는 다양한 사람, 불평등한 세계, 세계를 둘러싼 분쟁 등의 다양한 주제를 인포그래픽을 이용해서 세계지도에 나타냈습니다. 우리나라 교과서 사회과부도는 세계지도를 주로 지형도로만 나타냈고, 너무 많은 주제도를 한 페이지에 실어 놓아서 지도가 한눈에 들어오지 않습니다. 이 책이 아이들의 시선을 끄는 이유는 지도의 전체적인 명도와 채도는 유지하면서 주제를 변형시키기 때문에 지도의 변화된 부분에 주의를 집중하면서 볼 수 있다는 점입니다. 이 책은 다양한 주제의 프레젠테이션과 프로젝트 수업 자료로 쓰기에 용이합니다.

둘째, 통계와 그래프를 읽는 힘을 키워줍니다. 미래 사회를 이해하는 데 필요한 빅데이터를 읽기 위해서는 그래프, 통계 자료 읽기가 선행되어야 합니다. 특히 현대 사회 문제와 연관된 통계 자료를 보고 읽어내는 통계 리터러시 능력을 키우는 것이 중요합니다. 또한, 국제 사회를 이해하는데 필요한 어휘들을 책 내용과 지도를 보면서 더 자세하게 익힐 수 있습니다. 지니계수, 인간 개발 지수, 유니세프, 유엔, EU, BRICS, 국경 없는 의사회, 국제 사면 위원회 등의 용어를 배우게 되고, 개발 지수를 대해 쉽게 배울 수 있습니다.

셋째, 현대 사회 문제를 올바르게 보는 시각을 길러줍니다. 세계화로 나타나는 남북 문제나 양극화, 환경 문제를 파악하고 그에 따른 해결책에 대해 생각하게 됩니다.

우리나라는 지정학적인 위치상 중국, 일본이 중요 교역국이자 정치적인 영향이 큽니다. 또한, 미국의 정치와 경제는 핵심 뉴스로 다뤄지기 때문에 세계에 대한 관심도가 몇몇 나라에 편중이 되어 있습니다. 세계는 늘 변화고 경쟁하지만 우리는 국제 정세에 대해서 인식이 낮습니다. 어린이들에게 세계의 다양한 모습과 국제 사회 문제에 대한 관심을 가질 수 있도록 이 책을 추천합니다.

책 속으로 (Best pick 3)

어린이들이 책을 읽으면서 가장 많이 질문을 하는 페이지입니다. "선생님, 아직 전쟁이 있어요?" 이렇게 묻습니다. 저는 "그래, 여전히 전쟁 중인 나라도 있고, 이 지도에서처럼 아이들이 병사가 되어서 총을 들고 전쟁하는 지역도 있단다."라고 알려줍니다.

〈어린이들에게도 권리가 있다〉 장에는 UN에서 제정한 '아동의 권리에 관한 국제협약'에 대해 소개합니다. 전 세계 아동들의 생존, 보호, 발달을 위해서 만들어진 이 협약은 191개국에 적용되는 역사상 가장 많은 국가가 비준한 국제협약입니다. 〈아동의 권리에 관한 국제협약〉은 국내법과 같은 법적 구속력을 가지는 국제협약이면서, 아동을 기존의 소극적인 보호 대상에서 적극적인 권리의 주체로 규정하고 있습니다. 이와 함께 〈초등학교 취학률〉에 관한 주제도를 보면 학교에 다니지 못하는 아이들이 있다는 사실을 보고서 많이 놀라워합니다.

세계화를 통해 통신 기술, 인터넷, 교통의 발달로 전 세계가 네트워크로 연결되고 국가 간의 무역이 활발해집니다. 네트워트와 과학 기술이 발달된 북반구의 선진국이 세계화에 영향력을 미치고 있기 때문에 부자 나라는 더 부강해지는 세계의 불평등 현상이 생겨납니다.

〈다섯 대륙에서 만들어지는 청바지〉라는 지도는 청바지를 만들기 위해서 디자인은 미국, 면화 생산은 아프리카와 아시아, 지퍼는 일본, 워싱 작업은 터키에서 이루어지는 모습을 빨강, 골드, 파랑, 녹색 등의 단추 색깔로 나타냈습니다. 아이들은 세계지도를 따라가면서 청바지를 만들기 위한 재료들이 세계 여러 나라에서 왔다는 것을 알게 됩니다. 한 나라의 부의 불평등 지수를 나타내는 지니계수, 국가 간의 개발 격차 지수를 보면서 지수를 읽는 방법을 물어보고 우리나라는 세계에서 어떤 위치를 차지하고 있는지 질문합니다.

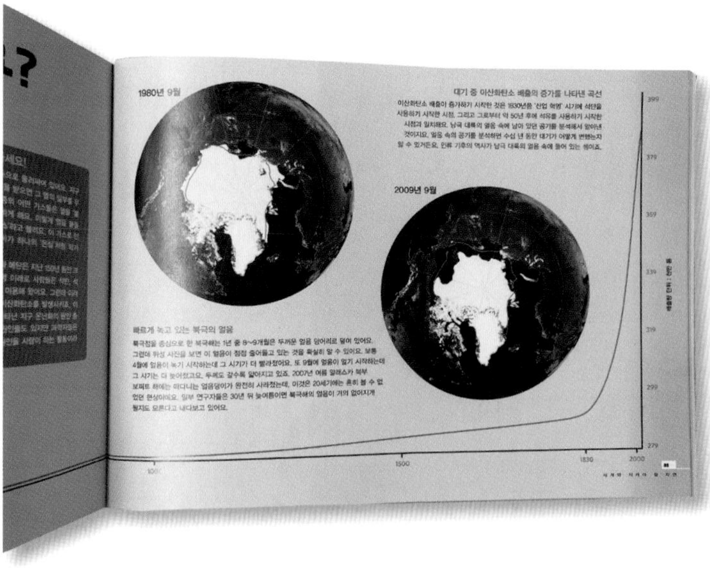

위의 두 지도는 1980년 9월과 2009년 9월의 북극의 있는 얼음의 모습을 비교해서 보여주고 있습니다. 아이들이 보기에도 북극의 얼음이 현저하게 녹았다는 것을

알 수 있습니다. 그리고 책의 아래쪽 그래프는 이산화탄소의 배출 증가율을 나타내는 그래프인데요. 증가 폭이 급속도로 높아진 것을 알 수 있습니다. 이 책을 볼 때, 사진과 함께 그래프도 언급해 주면 북극 빙하가 녹는 원인과 해결책을 스스로 찾아나갈 수 있습니다. 우리 아이들은 부모님이 어릴 때보다 환경 문제의 심각성에 대해서 더 많이 배우고 실천하는 방법 또한 많이 알고 있습니다. 아이들은 환경 문제를 지구적인 문제라고 느끼기 시작하면서 고민을 더 많이 하게 됩니다. 우리나라 사회 교과서에는 세계지도의 비중이 낮고, 통계와 그래프 자료가 많이 부족합니다. 현대 사회를 문제점을 쉽게 이해하기 위해서는 사진, 그래프 자료를 충분히 활용하는 것이 좋습니다.

이렇게 활용해 보세요.

책 읽기 도구 8. 주제도로 이야기 만들기

시각화하기 | 추론하기 | 차원적사고

주제도는 특정 내용을 표현하려는 목적으로 만들어진 지도입니다. 이 책에는 다양한 주제도를 볼 수 있습니다. 이번 책 읽기 도구는 주제도를 자세하게 분석하면서 이 지도가 나타내려는 것이 무엇인지 다른 사람들에게 발표하는 연습을 해 보겠습니다.

1. 발표하고 싶은 주제도를 선정합니다.

2. 이 지도가 뜻하는 것이 무엇인지에 대해서 내용을 적어 봅니다.

다음 지도는 전 세계의 초등학교 취학률에 관한 지도입니다. 연한 보라색의 책가방은 인구의 90% 이상이 초등학교를 다니고 있다는 뜻이고, 작고 진한 보라색의 책가방은 인구의 80% 미만이 초등학교에서 교육을 받고 있다는 뜻입니다. 지도를 보면 우리나라를 비롯하여 일본, 미국, 유럽은 취학률이 높지만, 특히 아프리카 지역은 취학률이 낮다는 것을 알 수 있습니다. 전 세계 1억 명이 넘은 아이들은 학교에 다니지 못하고 있습니다. 그들은 주로 소수 민족, 가난한 나라의 어린이들입니다.

교육은 개인에게 선택과 권리와 자유를 주게 됩니다. 더 좋은 직장에서 일할 수도 있습니다.

모든 사람이 교육을 받으려면, 국가나 국제 원조 기관이 교육 분야에 더 많이 지원해 주어야 합니다.

3. 적은 내용과 지도를 바탕으로 발표하는 장면을 영상으로 찍습니다.

4

조선왕실의 보물 의궤

책 소개	전문가 분석표

유지현, 신병주 글/이장미 그림 | 토토북 | 2017년 5월 19일

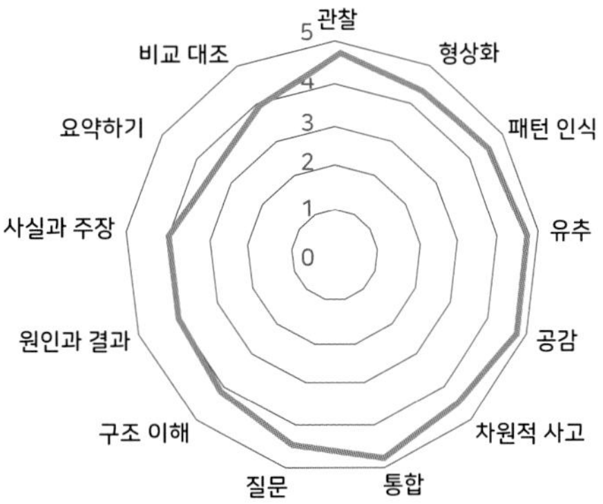

어떤 책인가요 ?

역사를 공부하기 위해서는 유물과 유적을 통해서 그리고 그 시대에 남겨진 기록을 함께 읽어야 합니다. 우리나라는 유네스코 세계기록문화유산이 독일, 오스트리아, 러시아, 폴란드 다음으로 많은 나라입니다. 위의 나라들은 괴테의 소설, 베토벤의 작품처럼 개인 창작물이 많지만, 우리나라의 세계기록문화유산은 국가가 역사 기록을 엄중하게 관리하고 절차에 따라 만들어진 것들입니다.

의궤는 조선 시대 왕실과 국가의 중요 행사에 관해서 후세가 참고할 수 있도록 준비 절차에 대해 기록과 그림을 이용해서 편찬된 책입니다. 왕의 결혼이나 행차, 왕의 죽음과 같은 국가의 중요한 행사뿐만 아니라, 건축물 조성이나 서적 편찬에 관한 방법도 기록되어 있습니다. 지금처럼 사진이나 영상이 없었던 시대에 국가 행사의 주요 절차를 그림으로 상세하게 표현한 의궤는 전 세계 기록문화유산에서 찾아볼 수가 없는 귀중한 자료입니다. 현재 서울대학교 규장각에 533종 2,897책의 의궤를 소장하고 있습니다.

《조선왕실의 보물 의궤》는 영조, 정조 시대의 의궤 중 정조대왕의 탄생으로부터 영조의 결혼, 종묘 제례, 화성의 건축 그리고 정조의 화성 행차에 관한 의궤를 중심으로 어린이들의 눈높이에 맞춰 설명하고 있습니다. 이 책의 주인공인 붕어와 토토는 의궤 속으로 들어가서 왕실 행사에 관해서 물고 답하면서 이야기를 이끌어 갑니다. 이 책을 읽게 되면 그림 속의 관리들의 역할과 왕이 행차할 때 필요한 소품들을 자세하게 알 수 있고, 군사들이 행진 대열까지도 세밀히게 볼 수 있는 책입니다.

초등교과 연계

- 국어 6-1-나 내용을 추론해요
- 사회 6-1 조선 시대

이 책을 선정한 이유는 무엇인가요?

6-1 국어 나 6단원 〈내용을 추론해요〉라는 단원은 글을 읽고 드러나지 않은 내용을 추론하는 방법을 배우는 단원입니다. 글을 읽고 추론을 하는 방법으로는 기존에 내가 알고 있던 사실과 경험한 것을 떠올려 보면서 내용을 추론하는 방법과 이야기에서 그 뜻을 찾을 수 있는 단서를 확인하면서 내용을 추론하는 방법, 즉 앞뒤 문맥에 따라 글을 추론하는 방법이 있습니다.

교과서에서는 〈수원화성은 어떻게 만들었을까〉라는 내용을 음성 자료로 먼저 들려주면서 내용을 질문하고, 다시 지문을 독해하면서 추론하기를 확장해 나갑니다. 〈수원화성은 어떻게 만들었을까〉라는 지문은 《조선왕실의 보물 의궤》 편 중 〈화성 성역 의궤〉에 나오는 내용입니다. 교과서에서는 서울의 궁궐인 경복궁, 창덕궁, 창경궁, 경희궁, 경운궁에 대한 설명문을 읽고, 글을 읽으면서 알지 못하는 단어를 추론하는 연습을 해 봅니다. 모르는 단어는 문장 안에 있는 동형어와 반의어를 활용하여 추론할 수 있지만, 기본적인 어휘력이 부족하면 추론하기가 불가능합니다. 따라서 모르는 단어는 사전을 찾아서 그 뜻을 알고 넘어가도록 해야 합니다.

《조선왕실의 보물 의궤》를 추천하는 이유는 3가지입니다. 먼저 이 책을 통해서 추론 능력과 관찰력을 키울 수 있습니다. 의궤에서는 왕의 모습을 그려 넣지 않습니다. 왕의 존재는 너무나 고귀하기 때문에 신하들이나 백성들은 왕의 얼굴을 마주할 수 없습니다. 그림 속에 왕이 앉는 의자나 왕의 가마, 왕이 탄 말은 있지만 왕의 모습은 보이지 않습니다. 하지만 왕을 뒤따르는 화려한 깃발 속의 해와 달, 용이나 주작 등의 동물을 보면서 왕의 위치를 알 수 있습니다. 그 뒤를 따르는 신하들은 왕을 상징하는 물건들을 들고 행차를 합니다. 책 속에서 생소한 단어의 뜻과 그림을 비교해 가면서 내용을 세심하게 보게 됩니다.

둘째, 왕실 행사와 의식에 대해서 자세하게 알게 됩니다. 조선왕실의 의궤는 2,897권으로 구성되어 있는데요. 이 책에는 정조의 탄생을 나타난 정종대왕태실가봉의궤부터 영조의 결혼식의 절차와 정조대왕의 화성 행차, 그리고 정조대왕의 죽음을 통해서 유교 사회에서 중요한 의식들을 왕실의 행사를 지켜보면서 알게 됩니다. 독자는 책을 읽으면서 왕실 행사에 참여하고 있다는 느낌이 드는데, 그 이유는 실제 조선왕실의 의궤나 의궤를 다룬 다른 책들과는 달리 이 책에서 토토가 그림에 관해서 질문하면 금붕어가 답을 하는 형식으로 그림을 짚어 가면서 읽게 됩니다.

마지막으로 이 책의 좋은 점은 정조 시대에 활동했던 주요 인물들을 만나볼 수 있습니다. 화성 성역 의궤 편을 보면, 정약용이 배다리 건설과 수원화성을 세우는 데 중요한 역할을 했다는 것을 알게 됩니다. 그리고 정조 시대의 풍속화가로 유명한 김홍도가 의궤를 열심히 그려 내는 모습도 찾아볼 수 있습니다. 또한, 아버지 사도세자

를 위해 아버지의 능을 마련하고 어머니의 회갑연을 정성스럽게 준비하는 정조의 효심도 알 수도 있습니다.

책 속으로(Best Pick 3)

금붕어: 임금님 가마다!

토토: 어디, 어디? 임금님의 모습이 안 보이는데?

금붕어: 신성한 임금님의 모습을 함부로 그릴 수는 없지 않겠어? 그래서 조선 시대 그림에서는 왕의 모습이 보이지 않아.

토토: 맞다! 아까 활쏘기 대회에서도 그랬지. 앙, 여태 기다렸는데 아쉽다.

금붕어: 그렇지만 주변에 호위하는 군사들이 가득한 걸 보니 저 가운데에 임금님이 계신 게 틀림없어.

금붕어: 임금님의 가마 뒤로 궁에서 일하는 사람들이 지나갔어. 그 가운데 내시는 왕의 비서야. 흔히 내시를 천한 직업이라 생각하지만, 내시에게도 등급이 있어서 등급이 높은 내시는 당당히 말을 타고 갔어. 왕의 주치의인 어의는 임금님이 갑자기 편찮으시다거나 하는 상황에 대비해 따라갔어. 또 이 행사를 길이 남기겠다는 뜻에서 역사를 기록하는 사관도 따라갔지. 붉은 몽둥이를 든 나장은 행렬의 질서를 유지하고 잡상인의 접근을 막는 사람이야. 큰 행사니까 그만큼 구경꾼도 많고 괜히 방해하는 사람도 있었을 거야.

토토: 허걱! 무서워. 행렬에 뛰어들었다가는 저 몽둥이로 흠씬 맞겠는 걸.

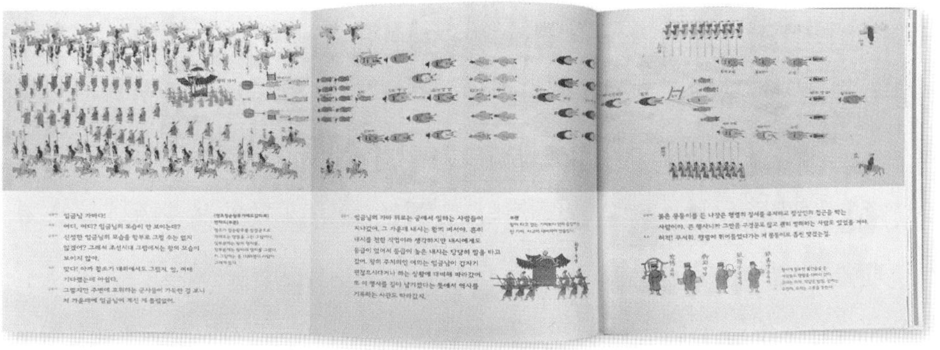

왕의 결혼식 행차입니다. 사람이 타지 않은 빈 가마처럼 보이는 곳에 임금님이 앉아 있습니다. 그리고 그 뒤로는 왕의 비서와 내시, 어의, 사관이 뒤를 따라 행차하는 모습이 보입니다. 이 책 속에서는 아이들이 그림을 보면서 느끼는 궁금증을 바로 풀어 주게 됩니다. 주인공은 토토와 금붕어가 그림 속에 들어가 행렬의 모습을 전하기 때문에 현장감이 느껴집니다. 의궤에 눈길을 주다 보면, 어느새 그림 속으로 들어가서 행사를 지켜보고 있다고 느껴집니다.

《화성성역의궤》는 화성에 성을 쌓은 과정을 기록한 의궤야. 일제강점기를 거치면서 성곽 일대가 훼손되기 시작하고, 한국전쟁 때 크게 파괴된 화성을 《화성성역의궤》를 보고 원래의 모습대로 다시 만들었단다. 덕분에 화성이 1997년 유네스코 세계문화유산에 등록될 수 있었어. 《화성성역의궤》는 건축과 관련된 의궤 중에서도 가장 많은 내용을 담고 있어. 화성 공사와 관련된 공식 문서는 물론, 참여한 인원, 사용된 물품, 설계 등에 관한 기록과 그림이 함께 실려 있는 일종의 공사 보고서인 셈이야. 내용이 아주 세세하고 치밀해서 공사에 참여한 기술자 1,800여 명의 이름과 주소, 일한 날수와 받은 임금까지 적혀 있어. 당시 이렇게 자세한 공사 보고서를 남긴 나라는 우리나라밖에 없다고 해.

수원화성은 일제강점기와 한국전쟁을 거치면서 형태를 알아볼 수 없을 정도로 허물어졌습니다. 우리나라 유적지는 서양의 석조 건물에 비해 목조로 만들어졌기 때문에 화재나 인재로 보존하기가 더 힘든 것이 사실입니다. 유네스코 세계문화유산위원회는 수원화성을 유네스코 문화유산으로 지정할 것을 검토할 때 복원된 유적지에 대해서 긍정적인 평가를 내리지 않았습니다. 이에 대해 유네스코 문화유산 위원회에 《화성성역의궤》를 기본 자료로 제출하였고, 이를 토대로 복원된 수원화성의 가치를 인정받게 되었습니다. 전쟁으로 폐허가 되었던 수원화성이 완벽에 가깝게 복원될 수 있었던 것도, 훗날 유네스코 세계문화유산에 등재될 수 있었던 것도 《화성성역의궤》가 존재했기 때문입니다. 과거의 꼼꼼한 기록과 그림 사료가 후손들에게 커나란 도움을 준 것입니다. 문자로는 건축물의 형태를 자세히 설명할 수 없을 것입니다. 의궤를 통해서 시각적으로 자료를 남겨 주신 조상들의 지혜가 돋보입니다.

1782년에는 강화도에 또 하나의 규장각을 짓고 외규장각이라 불렀는데 그때부터 의궤는 외규장각에 옮겨 보관했지. 어람용 의궤 1부를 뺀 나머지 의궤는 각 행사를 담당한 기관과 지방의 사고에 나누어 보관했어. 사고는 나라의 중요한 기록을 오래도록 보관하기 위해 만든 곳이야. 조선 후기에 사고는 강화 정족산, 무주 적상산, 강릉 오대산, 봉화 태백산 이렇게 네 군데에 있었어. 우리 조상들은 치밀하게 기록하는 것만이 아니라 그렇게 기록한 것들을 후손에게 잘 남겨 주기 위해 보관도 철저히 했어.

그런데 1866년 강화도를 침략한 프랑스 군대는 어람용 의궤가 보관되어 있던 외규장각을 불태워 버렸어. 그리고 서양인들이 보기에도 뛰어난 표지와 내용을 가진 어람용 의궤 297책을 약탈해 갔단다. 이 의궤들은 파리국립도서관에 보관되어 있다가 2011년에 반환되어 국립중앙박물관에서 전시되기도 했지. 하지만 완전 환수가 아니라 5년 단위 임대라는 형식에 의한 것이라 논란거리가 되었단다.

2011년 국립중앙박물관에 병인양요 때 프랑스군이 약탈해 간 의궤가 우리나라로 돌아와서 전시되었습니다. 박물관 한쪽 벽면에 대형 프로젝트로 왕의 행차 모습을 비춰서 움직이는 영상을 만들었습니다. 그곳에는 궁중 음악이 연주되었고, 왕이 지나가는 행차를 보면서 백성들은 환호했습니다. 백성들 틈에 서서 저도 함께 걸었던 기억이 납니다.

프랑스에서 《의궤》를 대여 형식으로나마 돌려받게 된 이면에는 프랑스 국립도서관에서 일하면서 의궤의 존재를 발견하고 이를 알렸던 박병선 선생님*의 숭고한 노력이 있었다는 것을 다시 한번 알게 됩니다. 또한, 우리 문화재를 다음 세대에 잘 전해야겠다는 의무감도 생깁니다.

*** 박병선**

"제 아무리 역사적으로 가치가 있는 사료라고 하더라고 그 가치를 알아주는 역사가를 만나기 전까지는 그저 평범한 책이나 문서 더미일 뿐이다."

프랑스 국립 도서관 사서로 근무하시던 박병선 선생님은 어느 날 베르사유 궁전 별관 지하실에서 1866년 병인양요 때 프랑스 군대가 약탈해 간 외규장각 《의궤》의 일부를 발견하였습니다. 그녀는 도서관을 세세하게 살펴서 《의궤》 297권을 모두 찾아내어 1979년 그 존재를 세상에 알렸습니다. 그리고 의궤 반환 운동에 앞장서다가 프랑스 도서관에서 파면되기도 하였습니다.

이렇게 활용해 보세요.

글쓰기 도구 9. 책 만들기

시각화하기 | 요약하기 | 분석하기

문화재청 국가문화유산포털(http://www.heritage.go.kr)로 들어가면 우리나라 고도서와 문서와 책자를 디지털 자료로 볼 수 있습니다. 유네스코 세계기록 유산에 등재된 책 10 종을 찾아서 문서를 만들고 설명하는 책을 만들어 보겠습니다.

① 유네스코 세계기록유산 자료를 검색하고 조사하고 싶은 문서 자료를 찾아봅니다

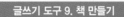

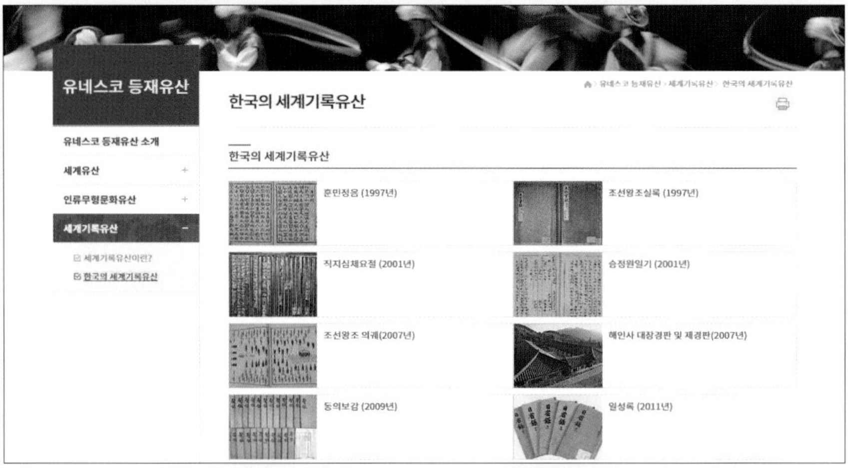

② 사진을 붙이고, 설명을 쓴 후 책으로 만들어 보겠습니다.

세계기록유산 조선왕조실록

나레이션 : 훈민정음이 백성을 위해 편찬되었다면 조선왕조실록은 조선시대의 왕들을 기록한 대표적인 기록물이다.
한문·정치·외교·생활정보까지 세세히 기록된 조선왕조실록은 472년 17만2천여일 동안 일어난 조선의 여러 가지 역사 사실을 왕조의 역사 순서대로 기록하고 있다.
정치적인 내용이 대부분이긴 했지만 이외에도 경제·외교·인물·법률·천문 등 광범위한 분야에 걸친 내용을 담았던 조선왕조실록
이 책이 역사 기술에 신빙성을 더해주는 것은 바로 왕 조차도 당시 역사 기록을 담당하는 신하에게 함부로 내용에 대한 수정을 요구 할 수 없었다는 점이었다.
제도적으로 사관은 독립성과 기술에 대한 비밀성을 보장 받았던 것이다.
이로 인해 후대의 사람들은 정확한 역사와 당시의 생활상을 알 수 있고 조선시대의 연구를 넘어 동아시아 여러 국가와 민족의 언어, 문화의 역사와 대외 관계사 연구에 크게 도움을 주고 있다.

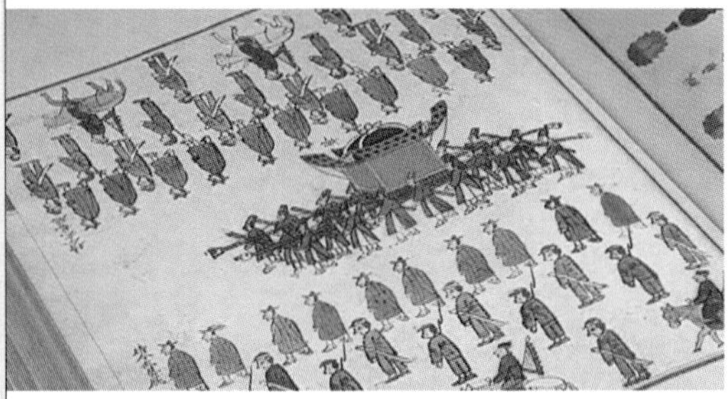

세계기록유산 조선왕조의궤

나레이션 : 의궤는 왕실 또는 국가가 거행한 규모 있는 행사에 관한 일체의 내용을 적은 보고서 형식의 기록으로 그 기록이 그림으로 남아 있어 조선시대 600여년의 생활상을 시각적으로 이해할 수 있는 귀중한 자료의 희소성을 가지고 있다.
현존하는 의궤는 행사의 성격에 따라 왕의 일생에 관련된 의궤, 나라 행사와 관련된 의궤, 각종 편찬이나 건축과 관련된 의궤, 왕실잔치와 관련된 의궤로 정리 할 수 있는데 그 종류는 조선시대에 거행된 나라행사만큼이나 다양하다.
이러한 의궤 덕분에 조선시대에 치러진 행사를 오늘날에도 완벽하게 재현할 수 있고 또 짧은 시간에 당시의 건물을 원형대로 복원할 수 있다.

승정원일기

나레이션 : 방대한 양의 조선왕조실록을 기록하는데 기초 자료로 쓰인 승정원일기는 또 하나의 세계기록유산이다.
승정원은 왕에게 신하들이 올리는 글을 전달하고 왕이 내린 명령을 전달하는 역할을 맡고 있었는데 이 승정원의 업무 기록이 바로 승정원일기이다.
조선왕조실록이 왕의 사후에 사관에 의해 편집된 2차 사료라면 승정원의 일기는 당대의 주서가 현안 문서들을 원문 거의 그대로 수록한 1차 사료라고 할 수 있다.
또한 조선왕조실록이 결과를 중심으로 한 기록인 반면 승정원일기는 배경, 동기, 과정까지 모두 기록하고 결과에 대한 이모저모까지 상세히 기록하였다.
이렇듯 승정원일기는 조선사 연구에 블랙박스의 역할을 담당하고 있다고 해도 과언이 아니다.

자본주의 논쟁

책 소개	전문가 분석표
 전지은 글/박종호 그림 | 풀빛 | 2015년 3월 16일	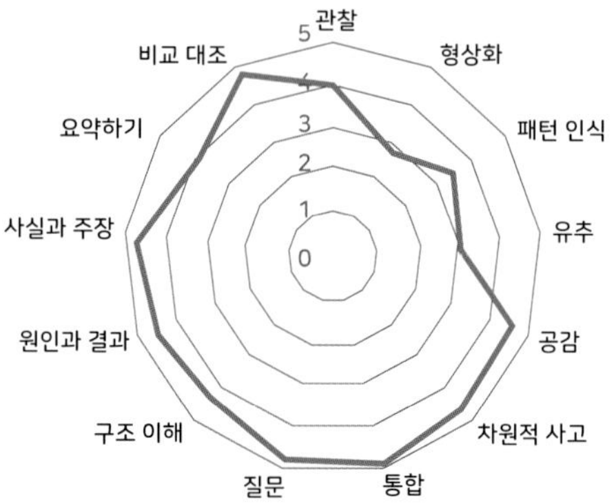

어떤 책인가요?

이 책은 아이들이 토론을 통해 자본주의의 장단점에 대해 쉽게 알 수 있도록 구성되어 있습니다. 가계, 기업, 정부 각 주체들의 경제 활동에서 나타나는 문제점들에 대해서 16가지의 논제로 토론을 진행하게 됩니다.

책은 총 5장으로 구성되어 있습니다.

1장은 돈의 가치에 대해 알아보는 시간을 갖습니다. 자본주의 사회에서 '화폐'를 빼놓고 이야기할 수 없습니다. 하지만 돈을 많이 가지고 있는 것이 성공한 인생일까요? 이 장에서는 돈으로 살 수 있는 것과 그렇지 않은 것에 대해 의견을 나눌 수 있습니다.

2장에서는 자본가와 노동자의 문제를 다룹니다. 최근 근로시간에 근로자가 사망하는 사건이 자주 발생하곤 합니다. 단지 그들의 부주의 때문에 일어난 사고일까요? 자본가와 노동자의 역할에 대해 이야기해 봅니다.

3장에서는 우리 사회의 재벌의 역할에 대해서 알아봅니다. 아이들은 백화점, 쇼핑몰이 쾌적하고 신기한 것이 많다고 좋아합니다. 하지만 재벌은 우리 사회에서 분배적인 정의를 잘 실현하고 있을까요? 재벌이 골목 상권에 사업을 시작하는 것이 정당한지도 알아봅니다.

4장에서는 광고와 언론의 역할에 대해서 알아보고, 사회를 개발하면서 뒤따르는 환경 파괴에 대한 찬반 양론을 함께 들어봅니다.

마지막 5장에서는 자본주의, 공산주의의 특성에 대해서 알아보고 자본주의의 문제점을 해결해 나가는 사회민주주의 국가들에 대해서도 배우게 됩니다. 그리고 자본주의의 대안으로 제시되는 공정무역, 공유 경제, 협동조합에 관해서도 사례를 중심으로 알아보면서 토론 수업이 마무리됩니다.

초등교과 연계

- 6-1-2-3 민주 정치의 원리와 국가 기관의 역할
- 6-1-3 우리나라 경제 발전

이 책을 선정한 이유는 무엇인가요?

사회 6-1-3의 대단원은 〈민주 정치의 원리와 국가 기관의 역할〉입니다. 그중 〈일상생활에서 민주 정치의 원리가 적용된 사례를 찾아봅시다〉에서는 전통시장과 대형할인점의 갈등으로 대형 할인점이 휴무일을 정해 쉬게 된 까닭과 과정을 배우게 됩니다.

골목 상권에 대형 할인점이 입점을 하면서 그곳에 있던 자영업자들의 폐업이 늘어났습니다. 이 때문에 전통시장 상인들은 이들의 입점을 취소해 달라는 청원을 국회에 요구하였습니다. 대형 마트 영업시간 규제에 관한 법률을 제정하는 과정을 통해서 국회, 정부, 법원 등의 국가 기관이 서로 견제와 균형을 유지한다는 것을 배우게 됩니다.

5학년 사회 교과서는 셧다운 제도의 관한 찬반 의견을 묻는 활동도 나오는데요. 이처럼 개정 교과서에서는 국어, 사회 시간에 토론 논제에 관해 자신의 주장을 펼칠 수 있도록 구성되어 있습니다.

《자본주의 논쟁》을 추천하는 이유는 3가지입니다.

첫째, 토론을 통해서 생각하는 힘을 기를 수 있습니다. 토론은 다른 사람을 설득하기 위해서 자신의 주장을 펼칠 수 있어야 합니다. 따라서 주장을 뒷받침하는 근거를 들어야 합니다. 이 책을 통해 우리는 돈과 사람의 가치, 노동자와 자본가의 관계 등 총 16가지의 토론 주제를 통해 자신의 의견을 말할 수 있으며 이것들을 통해 자신의 가치관도 살펴보는 시간을 가질 수 있습니다.

둘째, 현재 우리가 당면한 사회문제를 정확히 인지할 수 있게 됩니다. 토론을 통해 아이들은 세월호 침몰이나 대기업 반도체 노동자가 백혈병으로 사망한 사건 등 사회적 이슈가 되는 주제들을 알 수 있습니다. 최근 아이들은 유튜브를 통해 흥미 위주의 영상만 소비하는 경향이 많습니다. 그 때문에 가짜 정보나 자극적인 뉴스를 접하는 기회가 점차 많아지고 있는데요. 이 책을 통해 올바른 정보를 구별할 수 있는 힘을 기를 수 있습니다.

셋째, 다양한 경제 이론과 경제 체제에 대해서 배울 수 있습니다. 이 책을 통해 북유럽 국가들은 자본주의에서 도출된 다양한 문제점들을 복지 정책을 통해 해결해 나가고 있다는 것을 알 수 있습니다. 우리 아이들이 세계 여러나라의 정치와 경제 체제의 차이점을 책과 신문 등 다양한 경로를 통해 접할 수 있다면 이해의 폭이 더욱 넓어질 수 있을 것입니다. 자본주의와 공산주의의 기본 원리와 경제학자들의 경제 정책에 대해서 쉽게 이해할 수 있도록 구성되어 있습니다.

이 책을 통해 우리가 살고 있는 자본주의 사회와 시사 문제에 대해 관심을 가질 수 있고 초등학교 사회 교과서에 나오는 배경지식들을 쌓아 나갈 수 있습니다.

책 속으로(Best pick 3)

"이런 사례는 꼭 미국의 고등학교가 아니더라도 우리 주변에서도 흔히 볼 수 있어요. 제가 다니는 학원에서는 성적이 오르면 피자 파티를 해 주거든요. 그리고 부모님도 평소에 우리가 뭔가를 갖고 싶어 하면 '성적이 오르면 사 주겠다'라고 하잖아요. 돈으로 주지 않을 뿐이지, 우리의 노력을 보상한다는 것은 미국의 고등학교 이야기와 다를 게 없다고 생각합니다."

"그게 옳다고 생각해요?"

서현이가 발끈하며 외쳤다.

"돈을 받기 위해, 갖고 싶은 물건을 갖기 위해 공부를 한다는 게 옳은 일인가요? 다 자신을 위해서 하는 일인데 뭔가를 바란다는 건 옳지 않아요!"

"그게 왜 옳지 않은 일인가요? 누군가가 내가 노력한 것을 알아주고 돈이든 선물이든 주면 좋잖아요. 내가 한 일에 대해 정당한 대가를 받는 게 어떠세요?"

"저는 돈이 경쟁력이라는 것도, 한 일에 대해 정당한 대가를 받아야 한다는 말도 어느 정도 일리가 있다고 생각합니다. 그렇지만 돈이 주는 힘이나 행복은 오래가지 못한다고 생각합니다. 그 돈을 다 써버리거나, 더 많은 돈을 갖고 싶은 욕심이 생기면 더 이상 행복하지 않을 것이기 때문입니다. 그렇지만 가족이나 친구들이 만들어 주는 행복은 그렇지 않습니다. 그들이 주는 행복은 다 쓴다고 해서 없어지는 것도 아니고, 특별히 욕심을 부릴 필요도 없기 때문입니다. 저는 사람이 주는 행복이 돈이 주는 행복보다 더 강하고 오래 계속 된다고 생각합니다."

미국의 정치 철학자인 마이클 샌델 교수는 그의 저서《돈으로 살 수 없는 것들》에서 "아이들이 책을 다 읽었을 때 돈으로 보상을 하는 것은 독서를 좋아하는 '높은 차원'의 행위를 돈을 벌기 위해 책을 읽는 '낮은 차원'의 행위로 대체하는 도덕적으로 타협된 관행이다."라고 말했습니다. 이처럼 부모님들은 외적 인센티브가 '공부의 즐거움'을 스스로 알아가기 위한 '내적 인센티브'를 밀어내지는 않을까 하는 걱정을 하시기도 합니다. 이 장을 통해서 자본주의에서 돈으로 살 수 없는 사랑, 우정, 행복의 가치에 대해서 아이들과 이야기를 나눠 보아도 좋습니다.

"사람들이 재래시장에 많이 가지 않는 건 불편해서 그런 것 아닌가요? 솔직히 대형 마트는 환경도 깨끗하고, 일하는 사람들도 친절하고, 물건을 바꾸거나 돈으로 돌려받기도 쉬워요. 그렇지만 재래시장은 주차할 곳도 마땅치 않고, 물건을 바꾸거나 돈으로 돌려받기도 어렵습니다. 사람들은 점점 더 편한 곳을 찾는데, 예전과 똑같은 방식으로 장사를 하면서 사람들이 찾지 않는다고 불평만 하면 안 되잖아요. 불편한 점을 개선하고 사람들이 많이 올 수 있도록 노력하면 재래시장도 대형 마트와의 경쟁에서 살아남을 수 있다고 생각합니다."

준서가 발표를 마치자 영지가 손을 들었다.

"그렇지 않습니다. 주차를 많이 할 수 있도록 주차 공간을 넓히고, 대형 마트처럼 쇼핑 카트를 준비해 두고 상품권으로 물건을 살 수 있게 하는 등 재래시장들은 정말 많은 노력을 하고 있습니다. 그렇지만 그런 노력만으로는 대형 마트를 이길 수 없습니다. 재벌은 엄청난 자본이 있기 때문에 마음만 먹으면 어느 곳에든 대형 마트를 세울 수 있고, 물건도 싸게 팔 수 있습니다."

좋은 토론은 논제에 대한 정확한 배경지식이 뒷받침될 때 가능합니다. 최근 우리 아이들은 수업 시간에 통계와 그래프를 자주 접하다 보니 자료 해석 능력이 높아졌습니다. 게다가 인터넷의 발달로 많은 자료를 쉽게 접할 수 있는 환경이 되었습니다.

하지만 인터넷 또한 하나의 방법에 지나지 않습니다. 토론을 준비할 때 아이들이 책이나 잡지, 그리고 논문 등에서 자료를 찾을 수 있도록 하는 것도 중요한 포인트입니다.

"자, 지금까지 협동조합, 공정 무역, 공유 경제라는 세 가지 이야기를 들어보았습니다. 생산자와 운영자, 소비자가 함께하는 회사인 협동조합, 그리고 불공정한 무역으로 피해를 입고 있는 나라를 가난에서 벗어날 수 있도록 하는 공정 무역, 내 것을 함께 나누어 사용하는 공유 경제가 자본주의 사회에 대안이 될 수 있을 거라고 주장했는데요. 이에 대한 반대 의견이나 질문이 있으면 한번 말해 볼까요?"

선생님의 말에 서현이가 손을 번쩍 들었다.

"공유 경제가 모두와 함께 나눈 것이 목적이라고 하지만, 많은 사람에게 피해를 주고 있는 것을 알고 있나요? 실제로 공유 경제가 커지면서 호텔이나 택시 업체는 큰 타격을 입었다고 해요. 좋은 의미로 사업을 한다고 해 놓고, 다른 산업에 피해를 끼치는 건 너무 이기적인 것 아닌가요?"

"그건 경쟁이죠. 어차피 자본주의는 자유로운 경쟁이 있어야 하잖아요? 그런데 경쟁에서 지고 있다면 자신들도 경쟁에서 이길 수 있는 다른 방법을 찾아봐야 한다고 생각합니다."

아이들은 자본주의의 대안인 사회적기업, 협동조합, 공정무역, 공유 경제 등에 대해서도 많이 알고 있습니다. 부모님과 함께 공정무역 카페에 가 본 아이들도 있고, 아름다운 가게에 물건을 기부해 본 아이들도 있습니다. 토론에서 나오는 찬성, 반대 측의 주장과 근거에 대해서 노트에 함께 적어보면 주장하는 글쓰기를 할 때 도움이 많이 됩니다.

이렇게 활용해 보세요. (글쓰기 도구 10. 디베이트)

배경지식 | 예측하기 | 요약하기 | 비교와 대조 | 추론하기 | 사실과 의견

디베이트 수업은 논술과 말하기, 읽기, 듣기를 통합적으로 할 수 있는 언어의 오케스트라 같은 수업입니다. 아이들은 논리적인 주장과 근거를 들어서 상대를 설득하고, 상대측이 제시한 근거나 주장에 대해서 반론해야 합니다. 친구들과 팀워크를 발휘해서 새로운 주장을 펼칠 수도 있고, 토론을 통해서 새로운 내용에 대해 배우게 됩니다.

디베이트 수업은 학생 스스로 책을 읽고 자료를 준비해 오기 때문에 자기 주도적인 학습을 할 수 있다는 점에서 매력적인 수업입니다. 어린이들은 정치, 경제, 사회, 과학의 다양한 논제에 대해 토론하다 보면 세상을 보는 눈이 달라집니다.

이번에 보여 드릴 수업은 디베이트 수업입니다. 오늘 수업하는 친구들은 6학년 남학생 4명이고, 토론 수업 시간을 즐겁게 기다리는 아이들입니다. 토론이 진행되다 보면 예상치 못한 내용을 묻고 답하느라 배가 산으로 가기도 합니다. 선생님은 아이들의 토론에 균형 감각을 주면서 강약을 조절해야 하는데요. 한 팀의 주장과 근거가 타당하고 자료 활용을 너무 잘해서 다른 팀이 너무 밀린다 싶으면 선생님이 잘하는 팀에 심도 있는 질문하면서 토론 진행을 균형 있게 해 주어야 합니다. 반론하기 힘들어 하는 아이, 최종 변론을 하기 어려워하는 아이에게 따로 방법을 알려 주면서 팀 아이들이 함께 참여하도록 이끌어 주는 것이 중요합니다.

윱쌤이 이야기합니다.

"얘들아, 다음 논제는 경제 논제인데 〈대형 마트 영업 규제는 필요하다〉야. 우리 먼저 경제학자들에 대해서 다음 시간까지 조사해 오자, 자, 여기에 애덤 스미스, 케인즈, 맬서스, 그리고 하이에크 이렇게 있구나, 선생님이 종이를 던질 테

니, 한 장씩 뽑아 보자.”

태윤, 형섭, 윤재, 송헌이는 재빨리 와서 한 장씩 가지고 갔습니다. 그리고 케인즈, 맬서스, 아담 스미스, 하이에크 경제학자가 적힌 종이를 들고 이게 누구야? 하면서 웃었습니다. 하이에나도 아니고 하이에크, 케인즈, 테임즈라는 야구 선수도 있다며 친구들끼리 함께 공부하는 시간을 즐겁게 여깁니다.

책 《자본주의 논쟁》에서의 토론은 찬반의 의견을 계속 제시하는 형태의 토론이라면 앞으로 진행되는 디베이트는 퍼블릭 디베이트 형식으로 발언하는 시간과 토론 진행의 형식이 갖춰져 있습니다. 학교에서 진행되는 과학 토론대회, 독서 토론대회는 위의 퍼블릭 디베이트 형식과 같습니다. 퍼블릭 디베이트의 장점은 학생들에게 일정한 시간을 주기 때문에 발언의 기회가 골고루 주어지게 됩니다. 그리고 토론이 진행되면서 함께 상의하면서 팀워크를 발휘할 수 있습니다. 입론 〉반론 〉교차 질의 〉최종 변론을 하면서 자신의 주장을 펼치고 상대측 주장의 잘못된 점과 논리적 오류를 발견하고 질문하게 됩니다. 그리고 최종 변론을 통해 자신의 주장과 상대측 논리의 허점을 밝히면서 내용을 재구성하게 됩니다.

대형 마트 영업 일 규제 찬성 VS 대형 마트 영업 일 규제 반대

디베이트 1차 수업입니다. 아이들은 아담 스미스, 맬서스, 케인즈, 하이에크에 대해서 조사해 온 자료를 발표합니다. 먼저 윤재가 발표하기 시작합니다. 윤재는 우리 팀에서 키가 가장 크고 마인드맵을 잘 작성하는 분석력이 뛰어난 아이입니다. 윤재는 준비해 온 자료를 보면서 애덤 스미스는 《국부론》을 쓴 영국의 경제학자이자 경제학자의 아버지라고 설명합니다. 그는 고전학파 경제학자로 국가는 치안, 범죄에만 신경을 쓰고 나머지는 경제 주체에게 맡기라는 야경 국가론을 강조했습니다. 윰쌤은 여기서 아담 스미스의 보이지 않는 손, 핀 공장에서 핀을 만드는 예를 들어 분업에 대해서 알려 줍니다. 그리고 시장은 개인이 자신의 이익을 챙기면서 경제 활동을 하면 시장은 알아서 작동한다는 아담 스미스의 이론에 대해서 덧붙여 설명해 줍니다.

다음은 맬서스를 조사해 온 형섭이가 자료를 발표합니다. 형섭이는 평소에 자신이 아는 것과 모르는 것에 관해서 질문을 통해 확인하는 메타 인지가 발달된 아이입니다. 맬서스는 《인구론》에서 인구는 기하급수적(1→2→4→8)으로 증가하지만, 식량은 산술급수적(1→2→3→4)으로 늘기 때문에 식량이 부족한 인구는 멸망할 것이라고 주장했습니다. 현재 시점에서는 맬서스의 예측은 틀렸습니다. 소득 수준이 향상되고 출산율이 감소하기도 하고 과학 기술로 식량이 빠르게 증가했기 때문입니다. 하지만 맬서스가 제기한 식량 문제는 해결되었지만 세계는 지금 인구 증가에 따른 자원 고갈, 환경 오염 등의 위험에 직면해 있다고 했습니다. 윰쌤은 맬서스가 사회 내 빈부 격차가 심해지면서 소비가 부족한 상태에 빠지는 공황이 발생한다고 했고, 이를 방지하기 위한 정책을 제시했다고 설명했습니다. 즉 정부가 빈민을 고용하여 도로나 항만과 같은 사회간접자본을 확충하는 방안을 제시했고 또한 케인즈는 맬서스 이론을 재발견해서 자신의 이론을 확장시킨 경제학자라는 설명을 덧붙입니다.

이번에는 송헌이가 하이에크라는 경제학자를 소개합니다. 송헌이는 평소에 정치와 경제에 관해서 관심이 많고 논리를 구성하는 능력이 좋아서 토론할 때 설득력이 뛰어납니다. 송헌이는 하이에크는 신자유주의 경제학자로 시장은 완벽하기 때문에 시장의 역할을 강조하고 국가의 역할을 제한할 것을 주장했다고 했습니다. 윰쌤은 하이에크의 이론을 받아들인 미국의 대통령은 클린턴, 부시 등이 있다는 설명을 덧붙였습니다.

태윤이는 케인즈를 조사해서 발표했습니다. 태윤이는 자료 조사 능력과 토론할 때 상대방의 의견에 반론을 하는 능력이 뛰어난 아이입니다. 케인즈는 미국 대공황으로 전 세계 경제가 침체되었을 때 정부가 정책적으로 소비 지출을 늘려서 시민들의 소비와 투자를 유도해야 한다고 주장한 경제학자라고 하였습니다. 케인즈는 맬서스 이론을 발전시키면서 수정 자본주의를 확립하였습니다. 현재는 북유럽 복지 국가뿐만 아니라 많은 국가가 적극적인 경제 개입을 하면서 국가의 성장과 복지 문제를 해결해 나가고 있습니다. 윰쌤은 케인즈의 뉴딜 정책을 미국 루스벨트 대통령이 적극적으로 반영하여 경제 성장을 이끌었지만, 케인즈식 처방이 경제 성장을 낮추기 때문에 이에 반기를 든 경제학자는 하이에크라고 알려주었습니다. 또한, 경제학적 이론은 시대와 상황에 따라 맞게 이용해야 한다고 강조했습니다.

그리고 대형 마트 영업 규제를 바라보는 찬반 양론 쟁점의 주장을 함께 읽으면서 아이들이 실제로 대형 마트에 갔던 경험과 재래시장에 다녀온 느낌 등에 대해서 함께 이야기를 나누었습니다.

대형마트 영업 시간 규제는 소상공을 보호합니다.

자본주의에서는 완전경쟁을 통해서 소비자가 원하는 것을

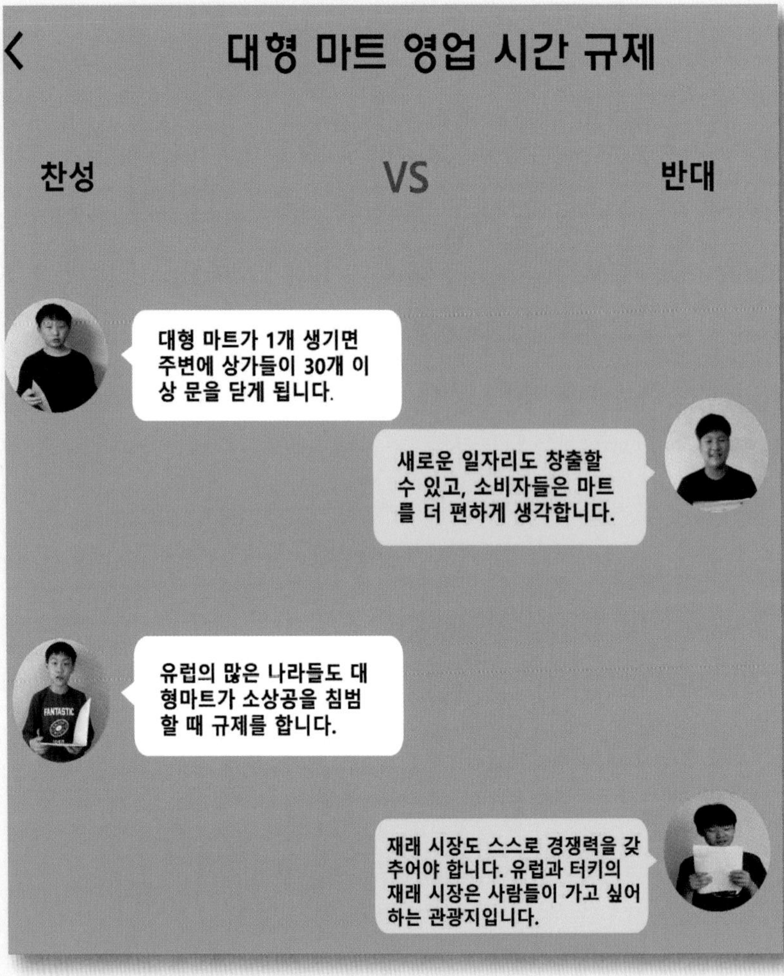

2차 토론에서는 각각 팀별로 준비해 온 자료를 바탕으로 입론서를 구성하였습니다. 이 시간에는 찬성 측과 반대 측은 3가지의 주장과 이를 뒷받침하는 근거에 대해서 쓰면서 토론 현장에서 사용하게 될 내용들을 세심하게 준비하는 시간입니다. 입론서가 완성이 되었으면 상대측의 예상 반론도 미리 써보고 그에 대한 답까지도 미리 찾아보면서 유비무환의 자세로 준비해 나갑니다.

오늘은 대망의 3차 디베이트 날입니다. 대형 마트 영업 규제에 찬성하는 태윤이와 형섭이가 한 팀이 되었고, 윤재와 송헌이는 반대 팀입니다. 아이들은 팀 별로 앉아서 자신이 조사해 온 자료들과 입론서를 꼼꼼하게 살펴보았습니다. 찬성팀 반대팀 모두 오늘은 꼭 이기겠다고 다짐을 하네요.

45분간의 토론을 통해서 찬성팀과 반대팀은 적극적으로 참여하면서 팽팽하게 토론을 진행하였습니다. 찬성팀은 자본주의에서 시장이 공평하지 않기 때문에 국가에서 소상공을 보호해 주어야 한다는 주장을 하였습니다. 반대팀은 자본주의 시장에서의 경쟁을 강조하면서 대형 마트 영업 규제로 소비자가 불편함을 겪고, 대형 마트 영업 규제로 사람들이 주변 상점이나 재래시장에 가기보다는 대기업의 인터넷 쇼핑몰을 더 찾는다는 근거를 제시하였습니다.

오늘의 승리는 영국, 독일, 이탈리아도 대형 마트 영업 규제를 법률로 보장하고 있고, 실업 문제와 양극화의 문제에 대한 해결책으로 국가가 대기업의 팽창에 대해서 규제를 해 주어야 한다고 주장한 찬성 측이 승리하였습니다.

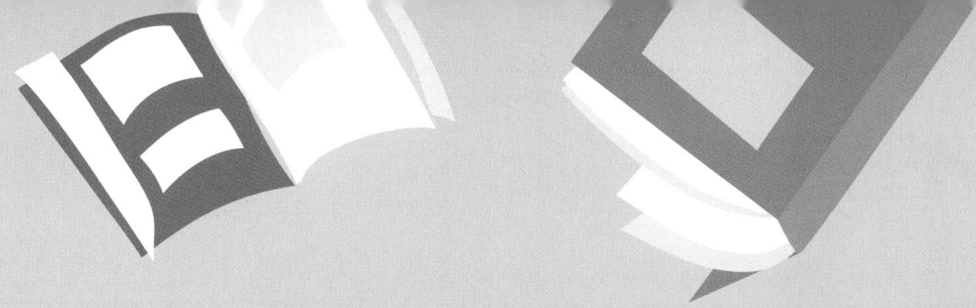

03

과학

관찰력과 창의력 호기심을 키워줍니다.

1

얘들아, 정말 과학자가 되고 싶니?

책 소개	전문가 분석표
 김성화 글/어윤화 그림 | 풀빛 | 2001년 10월 10일	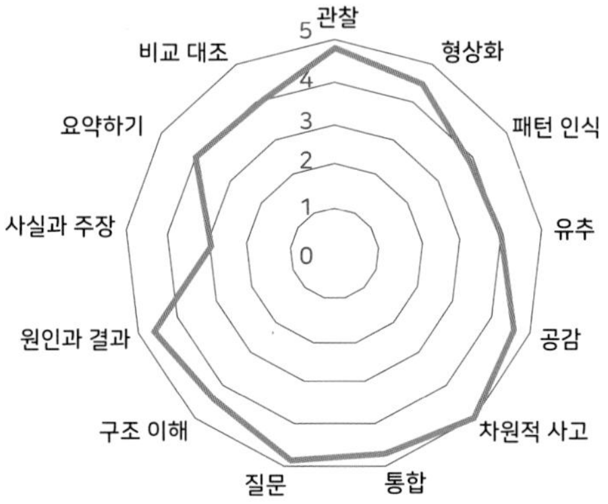

어떤 책인가요?

이 책은 과학자가 되고 싶은 아이들에게 과학을 탐구할 때 중요한 자질을 알려 주고, 과학자들의 어린 시절 특징적인 모습에 대해서 말랑말랑하게 이야기 형식으로 소개해 주고 있습니다.

과학자가 되고 싶은 아이는 무엇을 해야 할까요? 이 책은 과학자가 되려면 먼저 자신이 가장 하고 싶은 일이 무엇인지를 알아야 한다고 합니다. 어느 분야를 연구하는 과학자가 될 것인지보다 훨씬 더 중요한 것이 자신이 좋아하는 것을 발견하는 일입니다. 동물 기르기를 좋아하는 친구에겐 노벨상을 탄 로렌츠 동물행동학 박사가 동물을 직접 키워 보라고 알려줍니다. 식물을 좋아하는 친구들에게는 식물학자가 희귀식물을 찾아다녀야 할지 모르니 용감해져야 한다고 이야기를 해줍니다.

과학자가 지녀야 할 자질로는 먼저 호기심을 가져야 합니다. 호기심은 무언가를 알고 싶어 하는 마음입니다. 호기심은 사물을 탐구하도록 만듭니다.

탐구심을 기르기 위해서는 궁금한 사물에 관해서 작은 연구실을 만들어 비밀 노트에 관찰한 내용을 기록하라고 이야기해 줍니다. 과학자들은 아이들에게 실수를 많이 해 보라고 알려줍니다.

상상력도 중요한 요소입니다. 아이슈타인은 우주 공간을 상상해서 연구를 했고, 닐 보어도 눈으로 보기에는 너무 작은 원자를 설명하기 위해서 상상력을 동원했습니다.

또한, 과학자는 글을 잘 써야 합니다. 칼 세이건이나 파브르는 자신의 연구를 많은 사람이 이해할 수 있도록 책을 써서 호평을 받았습니다. 이처럼 다양한 과학자들이 가져야 할 공통적인 자질과 노력에 대해서 아이들이 알기 쉽게 이해할 수 있도록 해 주는 도서입니다.

이 책을 선정한 이유는 무엇인가요?

개정 교과서인 5-1, 6-1 과학은 교과서와 실험 관찰 책 2권으로 구성되어 있습니다. 교과서를 통해서 과학적 개념과 원리를 이용해서 탐구 능력을 키우고 실험하는 방법에 대해서 배우게 됩니다. 실험 관찰 책은 교과서에 있는 탐구 활동과 실험의 결과를 기록할 수 있습니다.

5, 6학년 과학 교과서의 특징으로는 1단원에서 과학 실험 과정 배우게 됩니다. 3, 4학년 때는 실험을 통해 관찰, 분류하고, 실험이 끝난 뒤에는 실험 결과를 익히는 탐구의 기초 과정을 학습했다면, 5, 6학년에는 실험을 통해서 문제를 해결해 나가는 통합탐구를 하게 됩니다. 통합 탐구 과정은 사고력, 이해력을 확장시켜고 더 나아가 사

회, 과학 주제의 논문을 쓰는 과정과 같습니다.

통합 탐구 과정을 조금 더 자세하게 설명하겠습니다.

먼저 궁금한 것에 관해서 문제를 인식합니다. 그리고 5학년 과학에는 없지만 6학년 과정에는 '가설 설정'을 배우게 됩니다. '가설'은 자신이 궁금하게 여기는 것에 대해서 이미 알고 있는 지식이나 관찰을 바탕으로 옳다고 생각하는 이론을 임시로 설정하는 것을 말합니다. 그 후 변인 통제 단계에서는 여러 변인 중에서 서로 다른 조건(독립 변인)과 서로 같아야 하는 변인(통제 변인)을 구분해서 실험해야 합니다.

자료 변환이란, 복잡한 실험 결과를 쉽게 알아볼 수 있도록 표나 그래프로 나타내는 것을 의미하고, 자료 해석은 관찰, 실험, 조사 등을 통해 수집한 자료를 분석하여 거기에 담긴 의미를 파악하는 단계입니다. 마지막으로는 결론 도출은 해석된 자료를 바탕으로 문제에 대한 답을 얻거나 가설에 대한 판단을 내리는 과정을 말합니다.

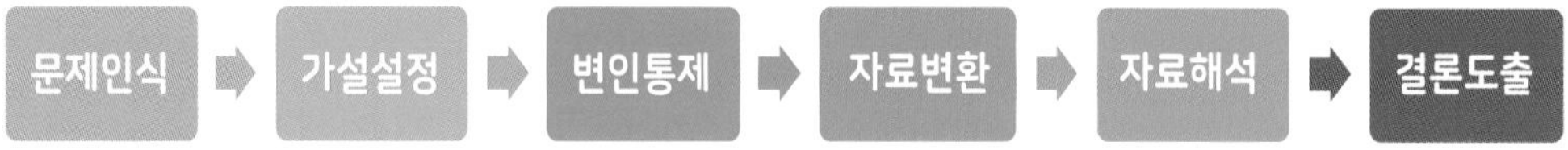

5, 6학년 교과서에는 수정 사인펜의 잉크가 번지는 현상과 효모가 발효하는 조건에 관한 실험을 통합 탐구 과정을 통해서 배우게 됩니다. 그리고 지구과학, 생물, 화학, 물리를 주제로 한 단원마다 5~8개의 탐구 실험을 한 후 그 결과를 실험 관찰 책에 적게 됩니다. 개정 교과서에서는 실험의 종류와 결과 작성이 많아졌습니다. 아이들은 실험은 재미있는데, 결과를 매번 쓰는 일은 어렵다고 합니다.

《얘들아, 정말 과학자가 되기 싫니?》 이 책을 과학 교과 연계 도서로 선정한 이유는 3가지입니다. 먼저, 아이들에게 천문학자, 물리학자, 생물학자, 화학자 등 다양한 주제로 연구하는 과학자들을 비교하고 분석하게 해 줍니다. 아프리카에 가서 침팬지를 연구하는 제인 구달, 하늘의 별을 연구하는 천문학자 칼 세이건, 희귀한 식물을 연구하는 린네라는 식물학자를 통해 과학자들의 다양한 연구 분야를 알게 됩니다. 이 책을 초등학생 때 읽었던 아이도 이 책을 통해서 다양한 분야를 연구하는 과학자가 있다는 것을 알게 되었고, 자신이 더 자세하게 알고 싶은 분야에 대한 책들을 찾아보게 되었다고 합니다.

둘째, 과학자의 가장 중요한 자질을 호기심과 상상력, 탐구심으로 설명하고 있습니다. 과학자들도 어린 시절에는 산으로 들로 놀러 다니면서 호기심과 상상력을 키워나갔습니다. 자신이 만든 마법의 왕국 속에서 살았던 에드워드 윌슨, 교실을 이리저리 돌아다녀서 선생님께 혼이 나던 파브르, 사람이 빛의 속도로 달릴 수 있다면 어떤 일이 벌어질까를 생각하던 아인슈타인의 이야기를 들으면 친근감을 느끼게 됩니다. 또한, 과학자들의 어린 시절 호기심은 아이들의 호기심과 큰 차이가 없다는 것을 알게 됩니다. 아이들의 질문이 지나가 버리는 질문으로 끝나지 않고 이를 탐구 문제로 설정하기 위해서는 꾸준히 공부하고 실험하도록 격려해 주어야 합니다.

마지막으로는 이 책을 읽은 아이들이 저마다 자신의 비밀 연구 노트를 만들기 시작합니다. 책 속에는 레오나르도 다빈치의 연구 노트, 식물 연구, 비밀 연구 공책 만드는 방법, 행성 관측 노트 등 다양한 노트들이 사진과 그림을 통해서 나옵니다. 그 노트들을 본 아이들은 자신만의 노트를 만들고 싶어 하였습니다. 다윈, 파브르, 티코 브라헤는 연구 노트에 적힌 내용을 바탕으로 자신의 분야에 혁신적인 업적을 만들어 나갔습니다.

이 책은 아이들에게 과학자가 되는 일은 어려운 일이 아니라는 생각을 가지게 해줍니다. 또한, 과학 공식과 과학자들의 업적을 암기식으로 알려 주기보다는 과학의 본질을 알기 쉽게 설명해 준다는 점에서 아이들이 읽으면 좋아합니다.

책 속으로 (베스트 pick 3)

월슨은 매일매일 새로 발견한 마법의 왕국으로 갔습니다. 자연사 박물관에 전시된 수많은 종류의 식물과 동물들에 홀려서 머나먼 정글과 사바나에 가는 꿈을 꾸었죠. 박물관에서 동식물 표본을 만들고 연구하는 사람들은 마치 신세계의 마술사처럼 보였답니다.

윌슨은 훗날 유명한 과학자가 된 다음에 이렇게 말했습니다.

"나는 자연을 연구하는 사람이 되었단다. 공부를 많이 했지만 그것은 좀 더 커서의 일이야. 어린 시절에는 열 가지 지식을 쌓는 것보다 한 가지 경험을 하는 것이 훨씬 더 중요하단다. 자연 속에서 자기만의 보물을 찾아다니고, 관찰하고, 탐험하고, 꿈꾸는 시간을 가져라! 원시인처럼 자유롭게! 부디 재밌게 놀아라."

에드워드 윌슨은 개미 전공 생물학자이지만, 더 나아가 인간의 행동을 동물과의 연장선상에서 설명하는 '사회생물학'을 창시했습니다. 그는《통섭: 지식의 대통합》이라는 책에서 "균형 잡힌 관점은 분과들을 쪼개서 하나하나 공부한다고 얻을 수 있는 것이 아니다. 오직 분과들 간의 통섭을 추구할 때만 가능하다."라고 하면서 학문 간의 융합을 강조하였습니다.

책 속에는 개미굴, 자연사 박물관을 다니면서 자신만의 마법 연구소를 만들어 그곳에서 살았던 윌슨의 어린 시절 모습을 만나볼 수 있는데요. 저도 뉴욕 자연사 박물관에서 사람 키보다 커다란 공룡 뼈를 보면서 호기심이 발동했던 일이 생각납니다. 박물관을 돌아다니면서 백 장도 넘는 공룡 사진을 찍었던 기억이 납니다.

자연 연구가가 되고 싶은 사람에게

박물관이나 자연 연구가가 되고 싶은 사람에게 먼 나라로 여행하는 것보다 더 좋은 일은 없다. 나처럼 항해를 좋아하고 운이 좋아서 항해를 할 수 있다면 더욱 좋겠지만, 기회가 올 때까지 걸어서 여행을 시작하는 것도 좋다. 참을성도 많아지고 자기밖에 모르는 옹졸한 마음도 없어진다. 모든 것을 스스로 알아서 하고, 일을 잘 해결하는 습관도 길러진다. 여행을 하다 보면 세상에는 친절한 사람이 참 많다는 것도 알게 될 것이다.

-다윈-

다윈은 인류의 사고를 뒤흔든 혁명적인 〈진화론〉을 발표했습니다. 다윈의 진화론이 학계에서 인정을 받은 이유도 그의 주장이 비글호를 타고 4년간 남태평양 해안을 다니면서 빈틈없이 기록하고 관찰했던 내용을 바탕으로 했기 때문입니다. 다윈은 이 여행을 떠나기 전에 조사 연구 방법론, 생물학, 지질학 등을 배우고 갔습니다. 다윈이 기록한 노트를 보면 식물과 동물 그림을 세밀하게 그리고 관찰 내용을 기록했습니다.

우리 모두 위대한 과학자라고 알고 있는 뉴턴조차도 자기보다 앞서서 생각하고 실험하고 계산했던 옛날의 과학자들이 없었다면 자기는 아무런 발견도 하지 못했을 거라고 말했답니다.

"내가 다른 사람들보다 더 멀리 볼 수 있었던 것은, 내가 거인들의 어깨 위에서 있었기 때문이다."

뉴턴은 자기의 연구 공책에 이렇게 적어 놓았습니다.

"플라톤은 나의 친구다. 아리스토텔레스는 나의 친구다. 그러나 가장 좋은 내 여자 친구는 진리이다."

구글 학술 검색대에는 아이작 뉴턴의 문구를 볼 수 있습니다. 과학자들의 연구 방법과 결과를 검토해 가면서 새로운 연구로 나아가는 것이 과학자의 연구 과정입니다. 앞으로 미지의 분야를 연구해 나가야 할 과학자들에게 축적된 지식은 선배 과학자들이 주는 선물입니다. 이 책에서 만난 다양한 과학자들의 탐구 이야기를 들으면서 아이들이 과학의 출발이 어렵지 않다는 것을 알게 되길 바랍니다.

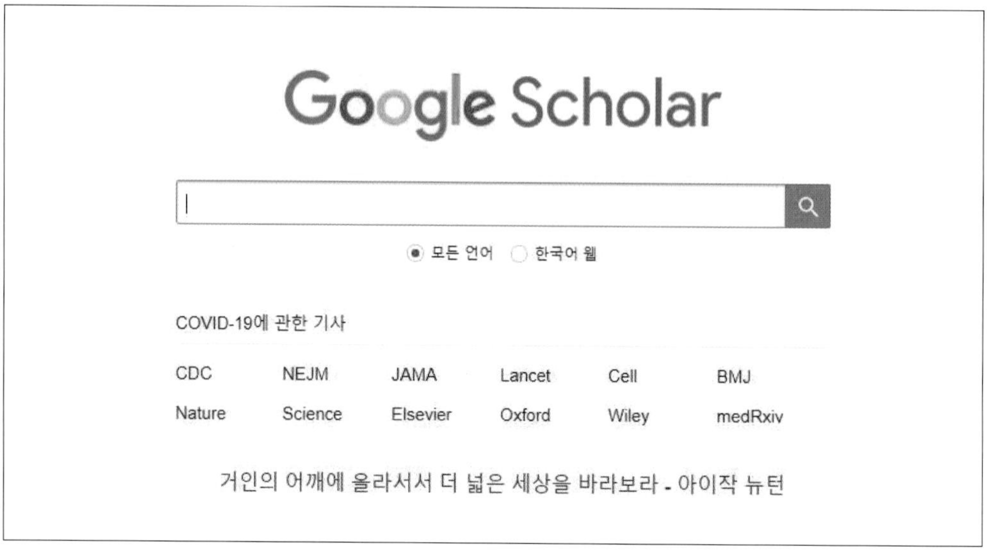

이렇게 활용해 보세요.

글쓰기 도구 11. 과학자 업적 적기

추론하기 | 배경지식 | 원인과 결과 | 사실과 의견

책을 읽으면 칼 세이건, 제인 구달, 다윈, 뉴턴, 에드워드 윌슨 등 다양한 분야의 과학자들을 만나볼 수 있습니다. 이들 과학자들의 연구 분야, 저서, 업적을 알아보고 다른 과학자들의 연구 영역과 비교해 보면서 배울 수 있습니다.

검색(v), 필기구(v), 걸리는 시간(30~40분)

1. 책을 다시 보면서 관심 있는 과학자의 이름과 그의 업적을 찾아봅니다.
2. 인터넷 검색을 통해서 과학자들의 사진을 찾아봅니다.
3. 검색과 책 내용을 바탕으로 그들의 연구 분야, 저서, 업적에 대해서 요약 정리하겠습니다.

분야 : 천문학자
저서 : 코스모스
업적 : 우주의 신비에 대해 알기 쉽게 글을 써서 많은 사람들이 천문학에 관심을 갖게 됨

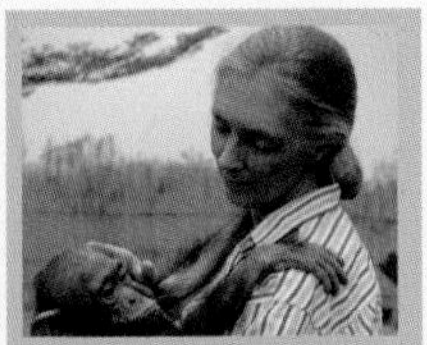

분야 : 동물학자
저서 : 내 친구 침팬지
업적 : 40년간 침팬지에 대해서 연구하여 침팬지의 생태에 관한 글을 썼다.
동물보호 운동가

분야 : 생물학자
저서 : 종의 기원
업적 : 비글호를 타고 5년간 남태평양 지질 동식물 조사하여 진화론을 발표하였다.

분야 : 물리학자
저서 : 프리키피아
업적 : 만유인력의 개념을 공식으로 나타냄. 근대역학과 근대천문학을 확립

분야 :
저서 :
업적 :

분야 :
저서 :
업적 :

분야 :
저서 :
업적 :

분야 :
저서 :
업적 :

2

상위 1%로 가는 비밀 수업 과학 블로그 1

책 소개	전문가 분석표
 과학노리 글/카툰플러스 그림/전국초등과학교과연구모임 외 감수 사이언스주니어 | 2015년 4월 1일	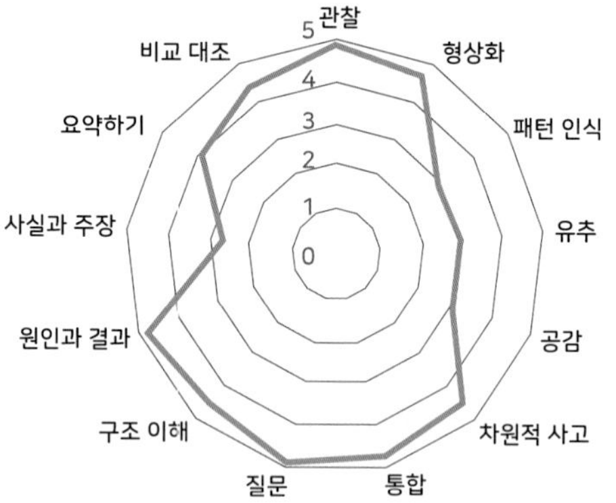

역사 수업을 시작하게 되면 먼저 인류가 지구상에서 처음 등장한 시기와 최초의 인류 오스트랄로피테쿠스에 대해 설명하게 됩니다. 어떤 호기심 많은 아이들은 인류가 탄생하기 전에는 누가 살았는지, 생명은 어떻게 만들어졌는지, 또 지구는 언제 생겼는지에 관해 궁금해 합니다. 이렇게 과거 시간에 대해 거슬러 올라가다 보면 우주 전체의 기원에 대해서 설명해 주어야 합니다. 지구의 역사에 관한 답을 찾아주는 책이 《과학 블로그 1》입니다.

책에서는 아주 옛날에는 인간이 자연 속에서 작은 존재였지만 이제는 하늘을 나르

수 있고, 바다 깊숙이 헤엄칠 수 있는 거인이 되었다고 합니다. 《과학 블로그 1》은 전체 4부로 구성이 되어 있습니다. 1부 〈우주와 지구의 탄생〉에서는 대폭발 빅뱅으로부터 태양계와 지구의 탄생에 대해서 허블, 아이슈타인의 이론을 바탕으로 설명해 줍니다. 그리고 지구상에 생명체가 탄생하게 된 비밀을 과학 실험으로 증명한 과학자들도 만나볼 수 있습니다. 2부 〈살아 있는 지구〉에서는 지구 내부로 들어가서 대륙을 움직이는 힘에 대해 알아보고, 지구를 둘러싸고 있는 대기권의 다양한 성질에 대해 배우면서 지구의 역동적인 모습을 볼 수 있습니다. 3부 〈지구의 지배자 파충류〉에서는 공룡 화석과 〈쥐라기 공원〉 영화를 통해서 인류가 살지 않았던 시대에 지구를 지배하던 동식물을 만나보게 됩니다. 4부 〈거인의 등장〉에서는 인류의 진화 과정에 등장한 다양한 인류의 특성을 살펴볼 수 있습니다. 다윈의 진화론과 멘델의 유전법칙 그리고 복제 양 돌리의 탄생에 이르기까지 생물학의 발전 과정도 함께 배울 수 있습니다. 이 책을 통해서 과학자들이 우주의 기원을 밝혀내기 위해서 했던 실험들과 인류가 탄생하기 이전 지구에 살았던 다양한 생물들을 볼 수 있습니다. 또한, 물리, 화학, 지구과학, 생물을 통합적으로 배울 수 있는 책입니다.

이 책을 선정한 이유는 무엇인가요?

초등학교 과학 5-1-3 〈태양계와 별〉 단원은 지구 과학 단원으로 태양이 우리 생활에 미치는 영향과 태양, 행성, 위성, 소행성, 혜성으로 이루어진 태양계 구성원의 특징에 대해 소개하고 있습니다. 또한, 태양계 행성의 상대적인 크기를 비교해 보면서 태양계를 직접 그려 보는 활동을 하게 됩니다. 그리고 밤하늘의 별자리를 교실에서 꾸며 보는 다양한 활동을 할 수 있습니다. 6-1-2 〈지구와 달의 운동〉에서는 지구의 자전과 공전에 대해서 배우고, 계절에 따라 잘 보이는 별자리에 대해 배웁니다. 그리고 달을 한 달 동안 관찰하면서 달의 위치와 모양을 기록하고 그 변화에 대해 공부하게 됩니다. 6-1-3 〈여러 가지 기체〉 화학 과정으로 산소와 이산화탄소를 실험을 통해서 모으고 온도와 압력에 따라 기체 부피가 변화는 것도 관찰하게 됩니다. 또한, 공기를 구성하는 여러 기체를 조사하도록 구성되어 있습니다.

《과학 블로그 1》은 5, 6학년 과학 교과서를 더 넓고 깊이 있게 이해할 수 있도록 우주와 지구에 대해 다루고 있습니다. 저는 다음의 3가지 이유로 이 책을 추천하겠습니다.

첫째, 우주와 생명의 기원에 관한 빅 히스토리를 배울 수 있습니다. 데이비드 크리스천 교수는 우주론, 지구물리학, 생물학 등의 다양한 학문을 통합해 '빅 히스토리'라는 학문 분야를 만들었습니다. 빌 게이츠는 평소 독서의 힘에 대해서 강조하고 있습니다. 그는 빅 히스토리는 여러 학문 분야의 수많은 지식을 다루 수 있는 틀을 만들어 주기 때문에 포괄적이고 중요한 학문이라고 했습니다. 초등학교 교과서에서는 인류 역사 이전에 관해서 알려 주는 단원이 없습니다. 이 분야에 관해서는 알고 싶으면 고등학교 지구과학 I. 지구과학 II, 생물 I을 함께 봐야 합니다. 이렇게 각각 찾아봐야 되기 때문에 우주의 역사에서부터 인류 역사에 관해 전체적인 흐름을 놓치기 쉽습니다. 이 책은 어린이들이 빅 히스토리를 연결해서 이해할 수 있도록 생물의 진화 나무, 지질 시대를 한눈에 볼 수 있게 시각 자료를 활용하였습니다.

둘째, 만화책으로 과학을 흥미롭게 배우던 아이들에게 줄글로도 과학을 쉽게 이해할 수 있도록 도와주는 융합 과학책입니다. 어린 시절에 시리즈로 된 과학 만화책을 즐겨 보던 아이들은 부분적인 내용들을 잘 알지만 과학 탐구 과정을 이해하려면 깊이 있는 독서가 필요합니다. 하지만 너무 전문화된 책은 어린이들의 관심을 끌지 못하고 책을 읽으려는 흥미를 멀리하게 만들기도 합니다. 이 책은 과학 이론과 개념에 대해 다루고 있지만, 만화 캐릭터가 자료 사진에 조금씩 등장해서 어린이들이 흥미롭게 읽을 수 있습니다. 또한, 〈딥 임팩트〉, 〈쥬라기 공원〉, 〈코어스〉 등의 영화에 담긴 과학 현상과 원리를 정확하게 분석해 주고 더 나아가 영화에서 설정한 과학적 오류를 밝혀 주기 때문에 비교, 분석력을 키워줍니다.

셋째, 생명 과학의 발전과 진화의 과정에 대해 단계적으로 설명해 줍니다. 19세기 프랑스 미생물학자 파스퇴르는 생명이 자연적으로 발생하지 않는다는 것을 증명했습니다. 오파린은 생명의 근원에 관해 가설을 설정했고 스탠리 밀러는 무기물 속에서 유기 혼합물로 만드는 실험을 해서 이를 증명했습니다. 책에서는 하나의 실험을 단편적으로 설명하기보다는 과학사에서 이 실험과 이론이 끼친 역할과 의미에 대해서 설명합니다. 초등 과학 공부에 중심을 두어야 하는 것은 사물에 호기심을 가지고 관찰하는 능력을 키우는 것입니다. 과학적 이론과 과학자의 업적을 암기하는 것에 의미를 두기보다는 과학자들의 연구 과정을 살펴보면서 어린이들이 새롭게 알고 싶은 것에 대해 질문하고 탐구하려는 의지를 키워갈 수 있도록 환경을 만들어 주는 것이 중요합니다.

책 속으로 (베스트 pick 3)

우리가 살고 있는 이 세상과 지구는 언제 어디에서 출발했을까요? 인간은 아득한 옛날부터 밤하늘의 별을 보며 별자리를 만들기도 하고 그러면서 별과 달의 움직임도 이해하게 되었습니다. 하지만 그 누구도 그 별들이 어디에서 왔는지, 언제 생겨났는지는 알지 못했습니다.

그 비밀은 지금으로부터 약 80년 전인 1929년, 미국의 천문학자인 허블이라는 사람에 의해 밝혀지기 시작했습니다. 그는 '우주가 서로 멀어지고 있다'는 사실을 알아냈고, 그것을 바탕으로 르메트르와 가모라는 사람이 주장한 '빅뱅 이론'이 사실임이 알려지게 되었습니다. 허블의 발견이 있기 전까지 사람들은 우주가 움직임이 없는 정적인 상태라고 생각했는데, 그의 발견은 그것을 깨트리는 큰 사건이었습니다.

도시에서 밤하늘을 쳐다보면 별을 발견하기란 쉽지 않습니다. 별이 보여야 저 별이 궁금하고 어떻게 생겼는지, 왜 저 별은 어떻게 떠 있는지 호기심이 생기기 마련인데요. 도시의 불빛과 공해 때문에 별과 우주에 관한 꿈이 서서히 멀어져 가는 느낌이 듭니다.

저는 미국 뉴욕 자연사 박물관에서 우주의 신비에 관한 짧은 영화를 본 적이 있습니다. 빅뱅에서부터 시작해서 우주와 태양계의 탄생, 지구의 탄생, 인류의 진화에 이르기까지 신비롭고 생생한 장면을 360도로 둘러싸인 화면으로 보았는데요. 그 영상들이 한동안 잊혀지지 않았습니다. 아이들과 함께 천문대에 가서 별을 직접 관측하거나 별똥별이 떨어지는 날 우주쇼를 함께 본다면 우주와 천체에 대해서 다양하게 호기심이 생기게 될 것입니다.

45억 년 전에 지구가 탄생한 뒤 38억 년 전부터 지질 시대가 시작되는 것으로 봤을 때, 80% 이상을 차지하는 시기입니다. 이러한 지질 시대는 크게 선카브리아대, 고생대, 중생대, 신생대로 나누고 있습니다.

만약 우리가 지구의 나이를 24시간으로 가정했을 때 육상에 처음 식물이 등장한 것은 오후 9시 59분이고, 육상동물이 등장한 것은 오후 10시쯤입니다. 그리고 대략 1시간 지난 뒤에 공룡이 등장하게 됩니다. 이때가 지질 시대로 중생대입니다. 그럼 인류는 언제쯤 등장했을까요? 그것은 24시가 되기 1분 17초 전입니다. 이것으로 지구의 역사에 비해 인간의 역사가 얼마나 짧은지 알 수 있을 것입니다.

지구의 역사 시계

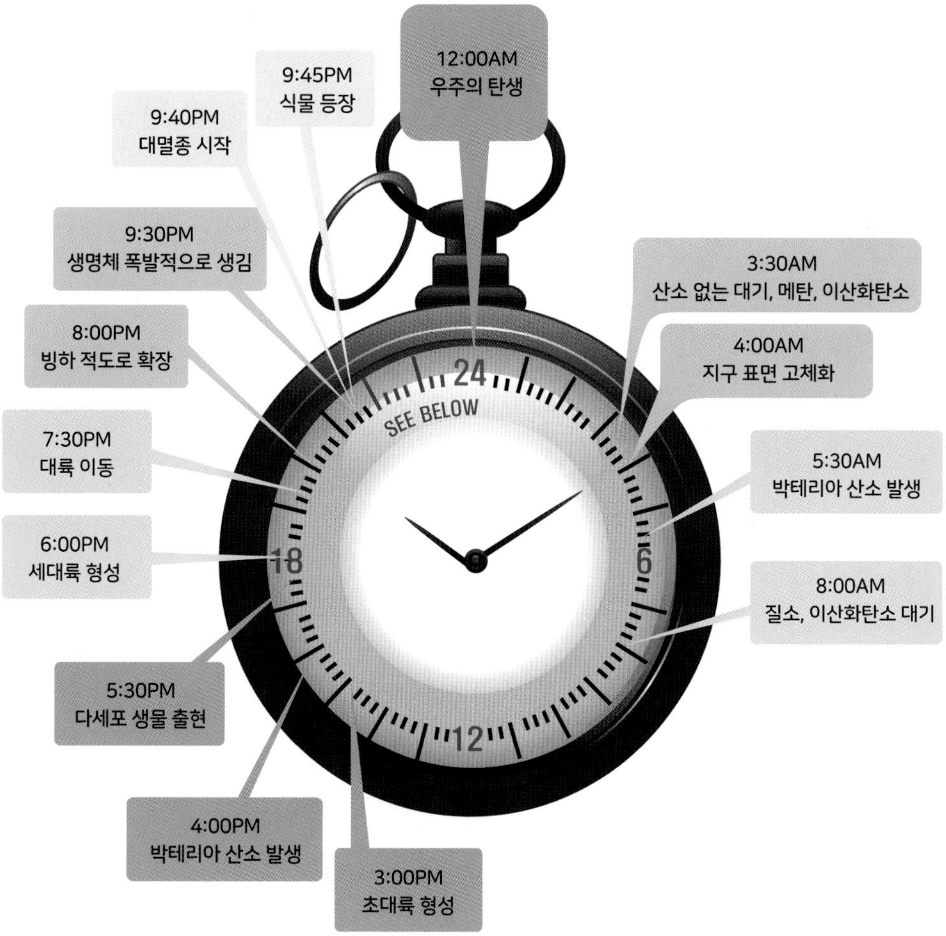
12:00AM
우주의 탄생
9:45PM
식물 등장
9:40PM
대멸종 시작
9:30PM
생명체 폭발적으로 생김
8:00PM
빙하 적도로 확장
7:30PM
대륙 이동
6:00PM
세대륙 형성
5:30PM
다세포 생물 출현
4:00PM
박테리아 산소 발생
3:00PM
초대륙 형성
3:30AM
산소 없는 대기, 메탄, 이산화탄소
4:00AM
지구 표면 고체화
5:30AM
박테리아 산소 발생
8:00AM
질소, 이산화탄소 대기
24
SEE BELOW
6
12
18

지구의 역사를 하루로 줄여서 본다면 위의 시계로 이해할 수 있을 것입니다. 지구 탄생의 역사에 비해 인류의 역사는 정말 짧은 시간이라는 것을 알 수 있을 것입니다.

1910녀 베게너가 약혼녀에게 보낸 편지 중에서 "남아메리카의 동부 해안이 아프리카 서부 해안과 정확하게 들어맞지 않아? 마치 한때 붙어 있기라도 했듯이 말이야."라는 구절에서 대륙 이동설의 첫 발상을 엿볼 수 있습니다. 이는 현재의 세계지도를 자세히 살펴보면 쉽게 이해할 수 있습니다. 베게너는 이에 착안하여 대담하게 새로운 학설을 제창한 것입니다. 마치 그림 맞추기 퍼즐과 같은 것이라고 할 수 있습니다. 그 후 베게너는 1912년, 어느 강의에서 대륙 이동설을 처음으로 발표하였습니다.

또한, 베게너는 1915년에 《대륙과 대양의 기원》이라는 책을 통해 약 200만 년 전 지구는 하나의 대륙, 즉 '판게아'라고 불리는 원시 대륙으로 이루어져 있다가 1억 년 전쯤 백악기에 대륙이 분리되기 시작하여 아메리카 대륙이 유라시아와 아프리카 대륙으로부터 분리되었으며, 인도 대륙이 아프리카에서 분리되어 아시아 대륙과 합쳐졌다고 주장했습니다.

이 책에서 대륙 이동설을 서술한 부분과 고등학교 지구과학 I을 비교해서 보겠습니다.

20세기 초반 독일의 과학자인 베게너는 과거에는 대륙이 하나로 붙어 있었는데, 오랜 시간에 걸쳐 서서히 갈라지고 이동하여 현재와 같은 대륙과 해양의 분포를 이루게 되었다는 '대륙 이동설'을 발표하였다. 이후 과학자들의 연구로 지구의 표면은 판이라고 부르는 크고 작은 10여 개의 조각들로 나뉘어 있고, 판들이 1년에 수 cm 정도의 느린 속도로 서서히 움직이고 있음이 밝혀졌다.

교과서 문체는 많은 과학적 이론의 결과를 서술해야 하기 때문에 베게너가 무엇을 보고 의문을 가졌으며, 이를 어떻게 탐구해 나갔는지에 관해서는 알기 어렵습니다. 《과학 블로그 1》은 과학자들이 의문점을 해결해 나간 과정을 중심으로 서술하고 있습니다. 새로운 과학적 발견은 기존의 패러다임을 깨고 나와야 하기 때문에 커다란 반향을 일으키기도 합니다. 다윈의 진화론이 격렬한 논쟁을 불러일으켰던 것처럼 과학자가 기존의 통념과 배치되는 과학 이론을 발표하기 위해서는 사실을 바로 볼 수 있는 눈과 용기와 필요합니다. 아이들은 언어와 관념으로 세상을 바라보는 어른들과는 달리 직관적이고 솔직하게 세상을 바라봅니다. 베게너의 이론을 설명할 때 아이들에게 대륙들을 잘라서 그 형태를 붙여 보도록 하고 대륙을 재밌게 가지고 놀아 보라고 해 보았습니다. 아이들은 대륙을 이동시키고 서로 붙이면서 새로운 형태의 대륙을 금방 만드는데요. 사물을 뒤집어 보고, 다시 이어 보고 하면서 창의력과 인지력은 다양하게 발달됩니다. 사물을 인식할 때 시각, 청각, 촉각, 미각, 후각을 함께 사용할 수 있도록 지도해 주세요. 그러면 아이들은 새로운 생각들과 창작물을 술술 만들어 낼 수 있습니다.

이렇게 활용해 보세요.

글쓰기 도구 20. 진화와 지질 연대기
– 순서 이해하기, 시각화하기, 차원적 사고

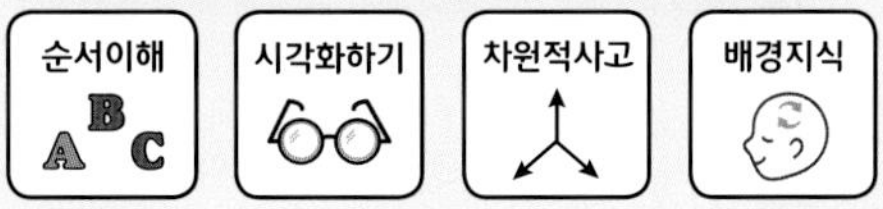

이 활동을 통해서 지질 연대기를 알아보고 이를 시각화해서 정리할 수 있게 됩니다. 지구에 사는 생명체들의 탄생과 대멸종과 진화에 대해서 배울 수 있습니다. 지구의 역사를 고생대, 중생대, 신생대로 나누어 보면서 시간의 상대적인 흐름도 이해하게 됩니다. 생명체 카드를 지질 시대에 따라 나누어 보면서 배열해 보겠습니다. 그리고 카드를 세워서 3차원 공간에 두면 차원적 사고 능력도 함께 키울 수 있을 것입니다.

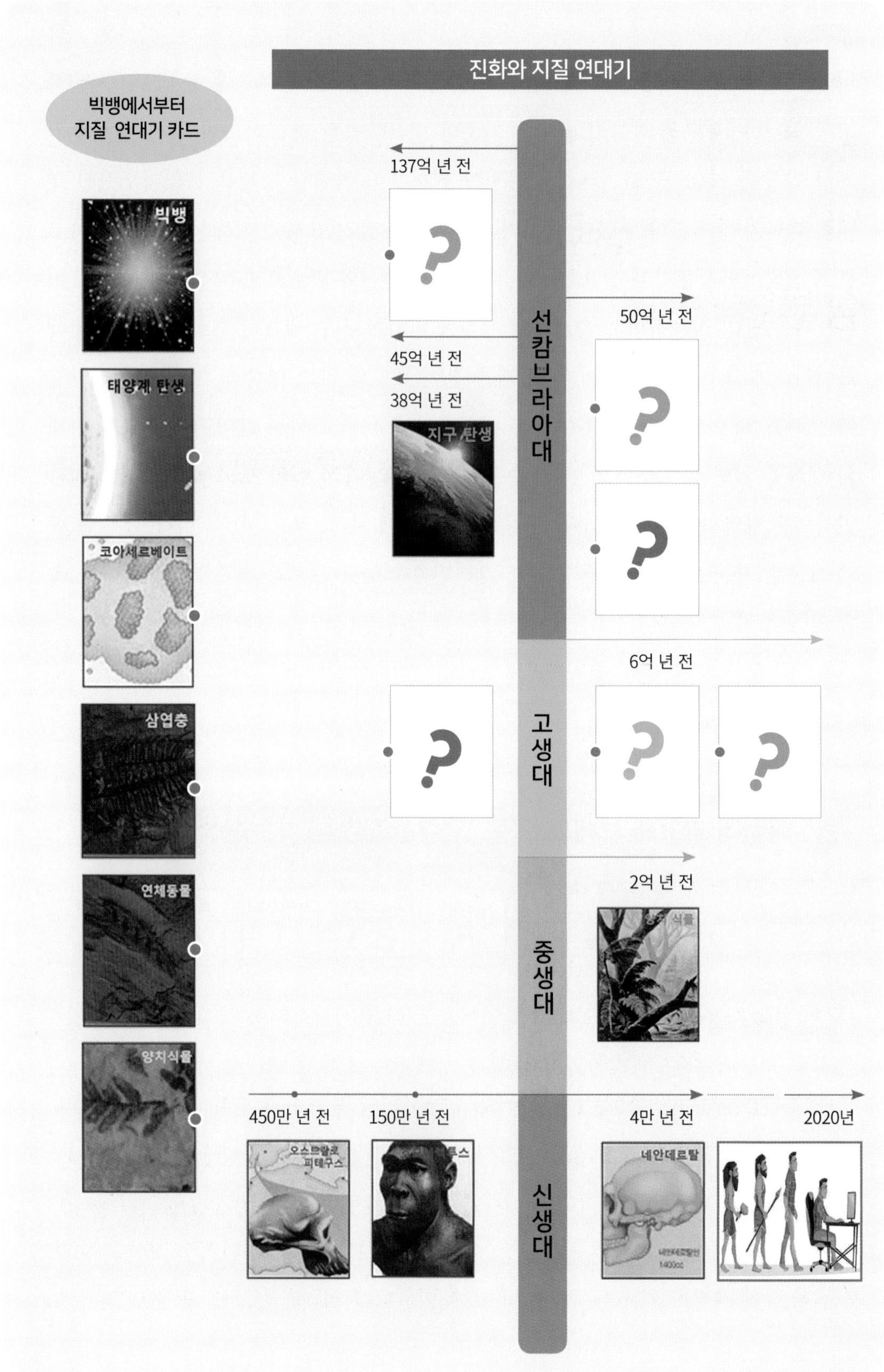

진화와 지질 연대기
빅뱅에서부터 지질 연대기 카드
빅뱅
태양계 탄생
코아세르베이트
삼엽충
연체동물
양치식물
137억 년 전
50억 년 전
45억 년 전
38억 년 전
지구 탄생
선캄브리아대
6억 년 전
고생대
2억 년 전
중생대
450만 년 전
150만 년 전
4만 년 전
2020년
오스트랄로 피테쿠스
네안데르탈
신생대

3

반트호프가 들려주는 삼투압 이야기

책소개	전문가 분석표
 송은영 글 | 자음과모음 | 2010년 9월 1일	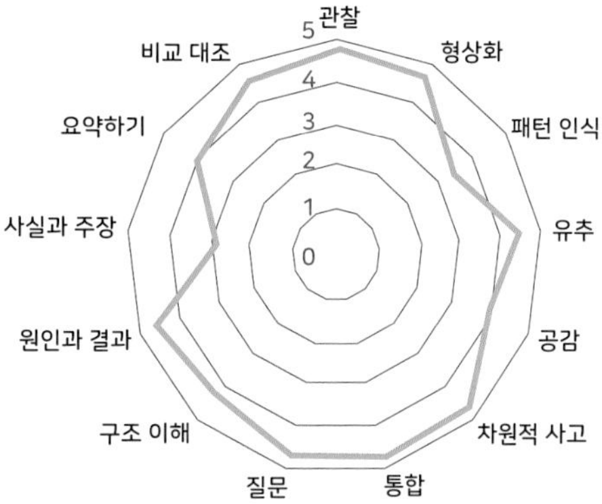

어떤 책인가요?

'과학자가 들려주는 과학 이야기' 시리즈는 유명한 과학자들이 학생들에게 자신의 연구 성과와 과학의 원리를 쉽고 재밌게 설명해 주는 책입니다. 《아인슈타인이 들려주는 상대성 이론 이야기》에서 시작하여, 《뉴턴이 들려주는 만유인력 이야기》 등 100여 명의 과학자가 자신의 목소리로 자연 현상에 대해 의문을 가지고 가설을 세워서 실험을 한 내용에 대해서 이야기해 주고 있습니다. 이 책 시리즈 중에서 《반트호프가 들려주는 삼투압 이야기》는 화학 반응 속도, 화학 평형, 삼투압에 관한 연구로 첫 번째 노벨 화학상을 수상한 과학자 반트호프가 학생들에게 수업을 들려주는 방식으로 구성되어 있습니다.

삼투압의 발견은 물에 관한 호기심에서 출발했습니다. 물에 잉크 한 방울을 떨어트리면 잉크는 물속에 골고루 퍼져서 균등하게 섞이게 됩니다. 이는 확산 현상입니다. 만약 시든 식물에 물을 주게 되면 물은 식물의 세포막으로 빨려 들어갑니다. 이 또한 화학의 평형 현상을 이루기 위해서 물이 고농도 쪽으로 이동한 것입니다.

김치를 담글 배추를 절일 때, 생선을 절일 때 소금을 사용하는 이유가 삼투 현상입니다. 주변에서 흔히 볼 수 있는 현상으로 라면 면발이 퉁퉁 부는 이유나 목욕탕에서 목욕을 하고 나오면 손이 쭈글쭈글해지는 이유도 삼투압의 원리 때문입니다.

삼투압은 병원에서 혈액을 투석하거나, 우리가 링거를 맞을 때 왜 물을 사용하면 안 되는지에 관해서도 설명해 주고 있습니다. 만약 물 부족 현상을 해결하고 싶어서 바닷물을 민물로 정화하는 방법이나 정수기의 정수 원리 등을 알고 싶다면 이 책을 통해서 답을 찾아갈 수 있습니다.

초등교과 연계

- 6-1-4 식물의 구조와 기능

이 책을 선정한 이유는 무엇인가요?

6-1 과학 4단원은 식물의 구조와 기능에 관해서 배우게 됩니다. 아이들은 탐구 활동에서 광학 현미경으로 양파 표피를 관찰하는데요. 식물 세포는 세포벽과 세포막으로 둘러싸여 있고 그 안에 핵이 있다는 것을 확인하게 됩니다. 그리고 줄기에서 물이 이동하는 관찰 활동을 통해서 줄기의 역할을 알게 됩니다. 그러면 식물의 줄기는 어떻게 물을 흡수하게 되는 것일까요? 《반트호프가 들려주는 삼투압 이야기》에서는

식물의 뿌리가 어떤 힘으로 물을 빨아들이는지를 설명해 줍니다. 그 답은 바로 삼투압 현상 때문입니다.

제가 이 책을 추천하는 이유는 3가지입니다.

첫째, 과학자가 자신의 연구하게 된 대상과 연구 과정에 대해서 차근차근 이야기해 주기 때문에 책을 몰입해서 읽게 됩니다. 반트호프는 화학 반응 속도, 화학 평형, 삼투압에 관해 연구한 공로로 제1회 노벨 화학상을 받았습니다. 그가 반투성막에 관해 연구하면서 그 예를 김치나 생선을 소재로 하여 설명해 주기 때문에 아이들은 훨씬 더 쉽게 이해하게 됩니다. 반트호프 선생님은 아이들이 궁금해 할 질문에 대해 쉽게 답을 해줍니다.

둘째, 실생활에서 나타나는 현상을 화학, 생물, 물리학의 원리로 이해하게 됩니다. 이 책은 생활 속에서 흔히 발견할 수 있는 현상을 과학적 원리로 설명해 주기 때문에 아이들은 호기심을 더 확장해서 질문하고 답도 함께 얻을 수 있는 장점이 있습니다. 냉동실 속에 넣어 둔 토마토를 상온에 두었더니 토마토의 물은 껍질 바깥으로 빠져나가고 토마토는 형태가 뭉그러졌습니다. 하지만 냉동 사과를 실온에 두어도 수분은 빠져나가지 않습니다. 이는 토마토 껍질이 반투막의 역할을 한 것인데요. 이처럼 생활 속에서 흔하게 나타나는 원리를 자세히 관찰해 보면 과학 원리로 증명해 낼 수 있다는 것을 알게 됩니다.

셋째, 실제로 실험을 할 수 없는 영역에 관해서 사고 실험으로 결과를 예측해 볼 수 있습니다. 삼투압 실험을 계획하면서 상상력을 이용한 사고 실험을 하게 됩니다. 우리 몸속에 물을 넣게 되면 어떤 현상이 일어날까요? 몸이 좋지 않을 때 링거를 맞게 되는데, 링거는 우리 몸의 상태와 같은 등장액입니다. 삼투압 현상을 배우게 되면 우리 몸속에 물이 들어가게 되면 적혈구 세포에 수분이 들어오게 되기 때문에 적혈구 세포가 점점 커져서 급기야 터지는 현상이 발생하게 된다는 사실을 사고 실험을 통해서 알게 됩니다.

책 속으로 (Best 실험 3)

사고 실험으로 알아보겠습니다.

증류수는 물이에요. 아무것도 들어 있지 않은 순수한 물이에요. 반면 적혈구 속은 그보다 물의 양이 훨씬 적어요. 그렇기 때문에 증류수는 저농도 상태이고, 적혈구는 고농도 상태에요. 이러한 농도 차이는 불균형한 것이지요. 그래서 농도 평형을 맞춰 주기 위해 증류수에서 적혈구 속으로 물이 스며들이 가요. 자연스런 삼투 현상이 일어나는 거예요. 농도 평형을 이루기 위해 적혈구 속으로 물이 계속 들어가요. 물을 먹은 적혈구가 부풀어요. 적혈구 속으로 물이 멈추지 않고 계속 흘러들어요. 농도 평형이 이루어지지 않았기 때문이에요. 적혈구가 계속 부풀어 올라요. 적혈구가 부풀어 오르다가 더 이상 견디지 못하고 결국 터져 버려요. 풍선이 계속 부풀다가 팽창하는 힘을 이기지 못하고 펑 하고 터지는 것처럼 말이에요.

사고 실험은 실험 기기를 이용해서 하는 실험이 아니라 과학의 원리를 적용하면서 결론을 유도해 내는 상상 실험입니다. 수많은 발명가, 수학자, 물리학자, 화가, 작가, 무용가들이 '시각형 사고'를 하며, 사고 실험을 통해서 빛의 방정식을 만든 아인슈타인도 어린 시절 '사고 실험'을 교육받았다고 합니다. 이 책에 나오는 반트호프도 다양한 사고 실험으로 과학적 현상을 예측하는데요. 사물을 자세히 관찰할 수 있어야 상상이 이루어집니다. 그리고 상상을 통해 머릿속에 물체로 떠올리게 되는 형상화를 할 수 있습니다. 형상화의 능력도 연습을 통해서 이루어집니다. 책을 읽는 것도 열심히 문자를 시각화하는 작업이라고 할 수 있습니다.

바닷물을 민물로 만드는 방법

전 세계는 물 부족 사태를 우려하고 경고하고 있습니다. 바닷물은 지구상에 있는 물의 97%를 차지하고 있지만 식수로 쓰게 되면 삼투압 현상 때문에 위험하게 됩니다. 바닷물을 식수로 이용할 수 있다면, 물 부족이라는 두려운 위기도 해결할 수 있습니다. 바닷물을 민물로 만드는 방법은 2가지가 있습니다. 하나는 증발의 원리를 이용하는 방법이고, 다른 하나는 역삼투압의 원리를 이용하는 방법입니다. 증발의 원리는 바닷물을 데울 때 생기는 수증기를 식혀서 민물을 얻는 방법이고, 역삼투압 원리에 의한 방법은 민물과 바닷물의 농도 차이를 이용해 삼투압보다 강한 힘으로 바닷물에서 민물을 뽑아내는 방법입니다.

과학 산출물 대회가 있었습니다. 아이는 아빠와 오수를 정화하는 방법에 대한 주제로 고민하다가 스포츠용품 소재인 고어텍스를 떠올렸습니다. 고어텍스는 땀을 통과시키고 외부의 물은 막아 주는 소재입니다. 예전에 기구를 이용한 역삼투압 실험에서 실패를 해 보았기 때문에 아이와 아빠는 한 팀이 되어 고어텍스를 이용한 정수기를 만들어 냈습니다. 그로부터 고난의 시간이 시작되었습니다. 저희 가족은 아파트 옥상에 실험실을 꾸미고 아침에 일어나자마자 키 문을 열고 옥상에 올라가서 고어텍스를 통해 정수된 물의 양을 측정했습니다. 그리고 온도와 시간에 따라 정수된 물에 관한 사진을 찍었습니다.

비바람이 몰아치는 어느 날이었습니다. 아이들과 함께 손전등을 켜고 바람에 날아간 구조체를 찾으러 다니던 생각도 납니다. 3주 동안의 실험을 끝내고 결과를 정리하게 되었습니다. 고어텍스를 통해서 오수를 정화해서 깨끗한 물을 얻고 그 물로 허브를 키우게 된 기쁨도 컸습니다. 이 실험을 하면서 과학자의 길은 멀고도 험난하며 인내심이 필요하다는 것을 알게 되었습니다.

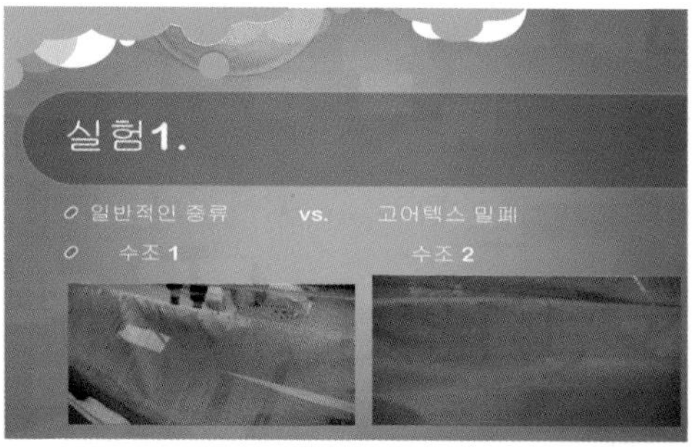

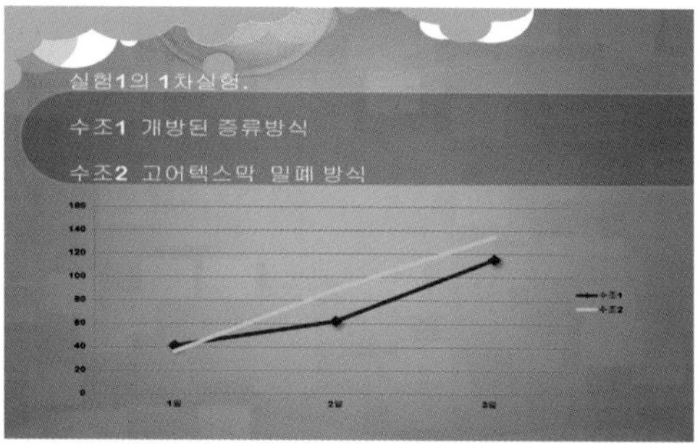

콩팥은 혈액 속의 불필요한 물질을 걸러내는 투석을 합니다. 여기에도 삼투 현상이 적용됩니다. 콩팥에서 제대로 거르지 못한 혈액 속에는 여러 이물질이 들어 있어요. 콩팥에서 제대로 거르지 못한 혈액은 일반 혈액보다 농도가 높습니다. 콩팥에서 제대로 거르지 못한 혈액 옆으로 농도가 낮은 인공 혈액을 흘려 줍니다. 그리고 이 두 혈액 사이에 막을 두어서 차단시켜요. 막에는 인체에 해로운 이물지만 드나들 수 있는 정도의 작은 구멍이 송송 뚫려 있어요. 콩팥에서 제대로 거르지 못한 혈액과 인공 혈액 사이에 농도 차이가 생겼으니, 그것을 해소해야 해요. 농도 평형을 맞추려는 방향으로 이물질이 이동해야 하는 거예요. 콩팥에서 제대로 거르지 못한 혈액 속 이물질이 그보다 농도가 낮은 인공 혈액 속으로 흘러들어 가요. 이물질이 빠졌으니 혈액이 깨끗해져요. 반면 인공 혈액은 이물질을 받아들였으니, 이물질에 용해된 것이나 마찬가지예요. 이것이 삼투 현상의 원리를 이용한 콩팥의 투석 원리에요.

콩팥이 혈액을 투석하는 원리를 생각하면서 사고 실험을 해 나갈 수 있습니다. 반트호프의 연구를 통해 농도 평형의 원리에 대해서 배우고 이를 생각을 통해서 다양한 실험을 해 나가게 됩니다. 삼투압 현상은 우리가 실생활에서 보게 되는 물리적인 현상, 화학적 현상, 생물학적 현상에 함께 적용됩니다. 삼투압을 구하는 공식을 외우는 것도 중요하지만, 삼투압의 과학적 원리를 이용해서 다양한 실험을 해보고 실험 결과를 노트에 정리해 볼 수 있을 것입니다.

이렇게 활용해 보세요.

글쓰기 도구 12. 사고 실험하기

배경지식 | 원인과 결과 | 추론하기 | 차원적사고

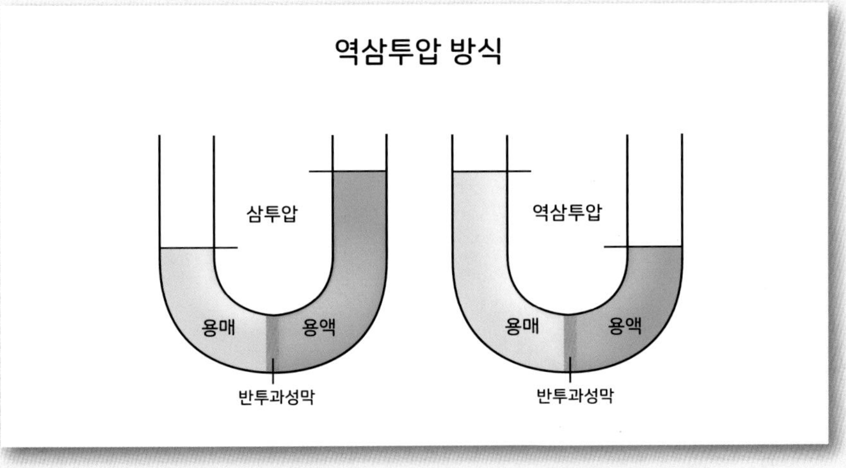

1. 책에서 읽은 내용을 바탕으로 삼투압의 현상에 대해서 설명해 봅니다.
2. 역삼투압의 원리와 현상에 대해서 정리해 봅니다.
3. 삼투압이 실생활에 적용된 예와 역삼투압이 실생활에 적용된 예를 함께 생각해 봅니다

4

상위 1%로 가는 비밀 수업 과학 블로그 3

책 소개

과학노리 글/카툰플러스 그림/전국초등과학교과연구모임 외 감수
사이언스주니어 | 2015년 4월 1일

전문가 분석표

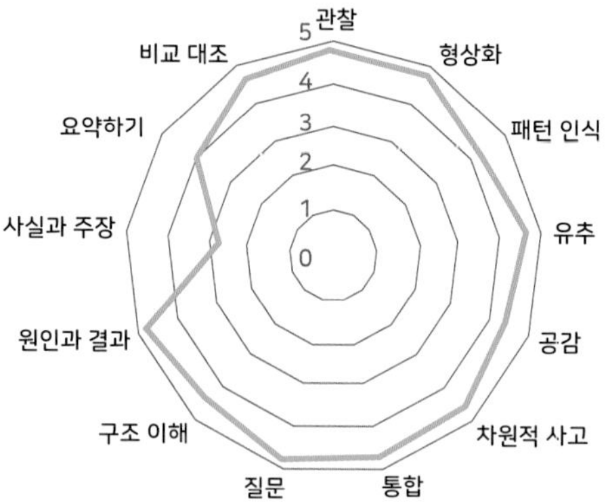

근대 유럽 문화의 뿌리인 그리스 문명은 미노스, 미케네 문명에서 시작되었습니다. 이 책은 미노스, 미케네 문명으로부터 그리스 문명과 헬레니즘, 로마 문명을 이해할 수 있도록 구성되었습니다. 각 시대의 유물과 유적을 통해서 시대적인 특징을 알아보고 시대를 대표하는 인물들의 업적도 자세하게 이해할 수 있습니다.

이 책은 3부로 나누어집니다. 1부 〈그리스 문명의 태동〉에서는 신화로 여겨졌던 트로이 전쟁이 유적지 발굴을 통해 존재가 드러납니다. 또한, 그리스와 페르시아의 마라톤 전투, 살라미스 해전을 보면서 치열했던 전투 장면을 보게 되고, 영화 〈300〉

은 테르모필레 전투를 현장감 있게 볼 수 있는 자료입니다. 2부 〈아테네 학당의 천재들〉에서는 자연을 탐구했던 그리스인들의 세계관과 우주관을 보면서 그들이 상상했던 세상의 모습을 직접 만나볼 수 있습니다. 그리스의 철학자들 중 기하학을 집대성한 피타고라스의 수학 원리를 알아보고, 데모크리토스의 원자론과 현대 과학에서 밝혀진 원자론의 차이도 함께 비교해 볼 수 있습니다. 3부 〈헬레니즘의 후계자〉에서는 헬레니즘 시대의 수학자, 과학자들의 업적과 그들이 만든 발명품의 우수성을 파악해 볼 수 있습니다. 로마 문명에 대해서는 건축 양식을 중심으로 설명합니다. 로마는 대제국을 통치하기 위해서 도시를 연결합니다. 도로와 수로, 목욕탕, 콜로세움, 판테온 등 로마 시대 건축물을 통해 웅장함과 실용성을 느끼게 됩니다. 이 책은 고대 그리스, 로마 시대 문명에 바탕이 되었던 과학, 수학, 철학, 건축을 자세히 살펴보고 그로마 문명의 과학, 수학, 철학, 건축의 우수성을 바탕으로 현대 문명에 끼친 영향력을 함께 배울 수 있습니다.

이 책을 선정한 이유는 무엇인가요?

요즘 어린이들은 초등학생이 되기 전에도 만화를 통해 그리스. 로마 신화를 많이 접합니다. 따라서 제우스, 헤라, 포세이돈 등의 올림푸스 12신들에 대해서도 잘 알고 있습니다. 아이들이 보는 만화책 속에 나오는 신들을 보면서 그리스 로마 신화가 아이들의 정서에 미치는 영향에 관해서 생각해 봅니다. 미국 심리학과 교수 리처드 니스벳이 쓴 《생각의 지도》는 동·서양의 서로 다른 사고 체계에 대해서 다루고 있습니다. 그는 공자의 지적인 후손들인 동양인은 집단 속에서 인간관계를 중요시하는 반면 아리스토텔레스의 지적인 후손인 서양인은 개인의 자율성과 독립성을 중요시한다고 했습니다. 제가 만나는 아이들은 우리나라 역사보다 그리스 로마 신화를 더 먼저 읽고 더 많이 접해서인지 자유롭게 생각하고 개성이 확실히 드러납니다. 우리 아이들을 공자의 자손들이라고는 단정 지을 수 없다는 생각이 점점 더 듭니다.

초등학교 고학년이 되면 아이들의 지적 호기심은 더 커지게 됩니다. 따라서 이제는 만화와 신화의 세계를 떠나 역사 속에서 그리스와 로마를 이해해야 합니다. 저는 《과학 블로그 3》을 3 가지 이유에서 추천해 드리겠습니다.

첫째, 그리스 학자들의 업적에 관해서 이론을 중심으로 알기 쉽게 설명하였습니다. 그리스인들은 온 세상이 궁금한 어린이들처럼 우주의 원리에 대한 호기심이 강했습니다. 그리고 우주의 원리를 알고 싶어 했으며 관찰을 통해 우주 운행 원리를 이론적으로 설명했습니다. 그들은 학파를 형성해서 학문을 체계적으로 발전시켰고, 그런 문화적인 특징이 서양 문화를 형성해 나갔습니다. 앞으로 아이들이 깊이 있게 공부하게 될 수학, 물리학, 천문학, 철학, 논리학에서 그리스 학자들의 이름을 볼 수 있을 것입니다. 책을 읽으면서 아테네 학당에 나오는 철학자들을 그림 속에서 직접 찾아보고 이들의 업적을 정리해 보면 지적 즐거움을 누릴 수 있을 것입니다.

둘째, 아이들의 시선을 끄는 사진과 그림 자료가 효과적으로 배치되어 있습니다. 세계사나 세계 지리를 잘 알려면 백문이 불여일견이라는 말처럼 직접 보고 듣고 경험해 보면 쉽게 배우게 되지만 제약이 많이 따릅니다. 따라서 세계사를 아이들에게 가르칠 때는 시대별 영화, 크고 작은 지도, 세계 유네스코 문화유산이 실려 있는 책, 박물관에서 사온 두꺼운 화집, 유로나 달러 등의 지폐, 여행 사진, 기념품 등 다양한 자료를 이용해야 합니다. 이 책에서는 지폐 속에 나온 그리스 철학자들, 신들의 조각상, 명화 속 전투 장면, 동전, 유물, 유적 등을 최대한 활용해서 그리스와 로마 문화에 대한 이해도를 높여 줍니다. 또한, 세계사를 읽으면서도 어린이들이 어렵게 생각할 수 있는 과학 용어, 인물에 관해 이미지를 이용해서 자세하게 설명해 주고 있다는 점도 장점이라고 할 수 있습니다.

셋째, 대제국을 건설하고 지배했던 로마 문화의 우수성을 배울 수 있습니다. 로마는 기원전 6세기에 세워져서 476년 서로마가 멸망하고 1453년 동로마의 멸망에 이르기까지 유럽의 문화를 이끄는 공통분모로 자리 잡고 있습니다. 지도를 이용해서 카르타고의 한니발 장군이 로마에 쳐들어온 진격로를 그려 보거나, 공화정에서 제정 시대로 변화하는데 핵심적인 역할을 했던 카이사르에 대한 이야기를 들려주면 어린이들의 주의 집중력이 높아지고 질문이 쏟아져 나옵니다. 대제국을 통치할 수 있었던 로마의 저력에 대해서 건축물과 정치 제도의 특징에 관해 설명한다면 세계사에 대한 어린이들의 관심이 더 높아지게 됩니다.

세계사를 가르칠 때는 현대사와 함께 비교하면 이해하기가 쉬워집니다. 1993년에 창설된 유럽연합(EU)의 설립 목적과 유로 화폐에 그려진 건축물과 지도를 로마 시대와 함께 비교해 보면서 유럽의 정치, 경제사에 관한 설명을 함께할 수 있습니다. 최근에 브렉시트를 통해 유럽연합에서 탈퇴한 영국에 관해서도 어린이들에게 덧붙여서 설명해 주면 과거와 현재를 연결해서 충분히 이해할 수 있을 것입니다.

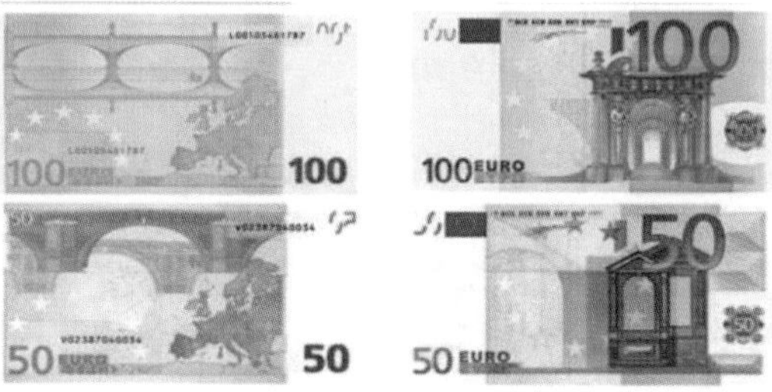

책 속으로 (베스트 pick 3)

슐리만이 발견한 트로이 유적

슐리만은 어릴 때 들었던 트로이의 신화가 실제로 존재했다고 믿고, 이를 찾기 위해 전 재산을 들여 유적 발굴에 나섰습니다. 그가 처음 발견한 유적지에서 여러 건축물과 황금 가면이 나왔는데, 그는 이것이 트로이 유적이라고 생각했습니다. 그리고 황금 가면은 트로이 전쟁에서 연합군 총사령관이었던 아가멤논의 가면이라고 이름을 붙이기도 했습니다. 하지만 훗날 이것은 미케네의 유적으로 밝혀졌습니다. 그리고 트로이 유적은 미케네의 유적보다 더 아래인 5번째 층에서 발견되었습니다. 그 유적지에는 청동기 문명부터 모두 9개의 문명이 층층이 쌓여 있었던 것입니다.

19세기 대부분의 사람은 트로이 전쟁이나 트로이를 실제로 존재하지 않았다고 믿었지만, 슐리만은 호메로스의 《일리아드》를 읽으며 이를 신화가 아닌 진실이라고 믿었습니다. 그는 트로이를 발굴하기 위해서 무역을 해서 돈을 모으고, 유럽과 소아시아 일대의 언어를 10여 개나 배우고 고대 역사도 공부했다고 합니다. 슐리만은 대대적으로 유적지를 발굴해서 트로이의 존재를 밝혔습니다. 저도 어린 시절 슐리만의 행적에 관한 책을 읽으면서 고대 역사의 존재를 실제로 드러나게 한 그가 정말 대단한 사람이라고 생각했었습니다. 신화를 현실로 볼 수 있게 만든 슐리만의 끈기와 노력은 아이들에게도 본보기가 될 듯합니다. 또 아이들은 "이 세상의 끝은 무엇인가요? 사실은 이 문명이 다시 지어진 것이 아닐까요?"라는 질문을 하기도 합니다. 그런 상상력에 대해 '문명 위에 또 새로운 문명이 만들어질 수도 있다.'라는 답을 슐리만의 발굴을 통해서 끌어낼 수 있겠습니다.

아테네 학당

이탈리아 화가인 라파엘로의 그림으로 미켈란젤로의 영향을 받은 전성기 르네상스의 대표적인 작품입니다. 당시의 교황인 율리우스 2세가 요청하여 바티칸 궁전에 있는 4개의 방에 그린 벽화 중 하나입니다. 〈아테네 학당〉은 플라톤과 아리스토텔레스를 중심에 두고 고대 그리스의 철학자들과 과학자들, 수학자들이 모여 토론하고 연구하는 모습을 그린 작품입니다.

〈아테네 학당〉에 플라톤은 손을 들어 하늘을 가리키고 있고 아리스토텔레스는 땅을 가리키고 있는데, 이것은 아리스토텔리스가 플라톤이 가리킨 이데아에 그다지 관심이 없었을 뿐만 아니라 신을 믿지 않았음을 나타냅니다. 그는 오로지 인간과 자연에 대해 연구하고 보다 현실적인 사상을 찾기 위해 노력했습니다. 아리스토텔레스는 자연철학을 집대성한 철학자로 인정받게 되었습니다. 그는 생물학 분야에서도 이전과는 확실히 다른 태도를 보였습니다. 예리한 관찰, 정확한 기술, 세심한 분류는 과학자로서의 뛰어난 자질을 말해 주고 있습니다. 아리스토텔레스는 분명 그리스 초기에 상상으로만 추정하던 과학을 비판하고 한발 더 나아가 새로운 체계를 건설한 위대한 과학자임이 틀림없습니다.

아리스토텔레스는 16, 17세기 근대 과학혁명이 일어나기 전까지 서양인들의 자연관에 커다란 영향력을 끼쳤습니다. 알렉산더 대왕의 스승이기도 했던 아리스토텔레스는 태양이 동쪽에서 떠서 서쪽으로 지는 평범한 자연 현상을 실험과 관찰을 바탕으로 논리적으로 추론해서 이론적으로 설명했습니다. 근대 과학은 아리스토텔레스의 절대적인 권위에 벗어나 과학혁명을 통해 출발하게 되었습니다. 아리스토텔레스는 자연과학 분야뿐만 아니라 사람을 논리적으로 설득하는 수사학, 3단 논법, 스토리텔링의 기본인 '발단-전재-위기-절정-결말'로 이어지는 플롯 구성 방법에 이르기까지 현대 학문에 영향을 끼쳤습니다. 책에 나오는 〈아테네 학당〉에서 소크라테스, 플라톤, 아리스토텔레스의 사상에 대해 정리해 보면서 철학사의 시조를 만나볼 수 있을 것입니다.

로마가 그리스의 문화를 흡수하면서 만들어진 복합적인 문화 형태가 그레코로만인 것입니다. 로마는 이러한 문화를 유럽과 아프리카에 전달함으로써 중세와 르네상스, 근세의 모든 문화와 예술에 영향을 끼쳤습니다. 처음에 로마인들은 그리스의 문화를 받아들이려고 노력했지만, 문화적인 특성은 그리스와 많은 차이가 있었습니다. 특히 그리스인들이 철학적 사고와 수학적 사고가 발달한 반면, 로마인들은 실제적인 사회 조직 속에서의 사고와 문화를 중시했습니다. 그래서 그들은 과학보다 공중 의료 시설의 설립, 도로와 수로의 건설, 율리우스력의 사용 등에 더 관심을 보이며 많은 업적을 남겼습니다.

이러한 성향이 두드러진 것이 고대 로마의 원형 경기장인 콜로세움입니다. 초기의 로마 시민들은 대단위 정복 전쟁으로 늘 가난한 삶을 살았습니다. 이들의 불만이 언제든지 터져 나올 것이라고 생각한 황제들은 대규모의 공공 오락을 제

공해 이들의 불평을 무마시키려고 했습니다. 그러한 의도로 만들어진 것이 바로 콜로세움으로, 영화 〈글래디에이터〉에서 검투사들이 경기를 벌이던 곳이기도 합니다.

〈글래디에이터〉는 아이들에게 로마 시대를 생동감 있게 보여 주는 영상입니다. 영화의 시대적 배경은 마르쿠스 아우렐리우스 황제 시대로 그는 네르바, 트라야누스, 하드리아누스, 안토니누스 피우스, 다음으로 현명한 5번째 황제였습니다. 이를 5현제 시대라고 합니다. 이 시대가 평화로웠던 시절이었던 이유는 황제의 자리를 부자 세습이 아닌 원로원에서 가장 뛰어난 인물로 지명하였기 때문입니다. 《명상록》의 저자이자 자신에게 철저했던 마르쿠스 아우렐리우스는 이상하게도 자신의 아들 코모두스에게 황제 자리를 물려 주게 됩니다. 영화는 아들이 아버지를 죽이고 황제가 되었다는 가정에서 시작하고 있습니다. 영화 속 검투사들의 치열한 전투 장면과 로마 시대의 건축, 사회 모습, 정치 제도, 화려한 귀족 문화와 노예들의 삶의 모습을 관해서 보면 로마라는 나라에 대해 더 알고 싶어질 것입니다.

이렇게 활용해 보세요.

글쓰기 도구 13. 아테네 학당 - 인물의 업적 묘비에 적기

요약하기 | 분석하기 | 배경지식

〈아테네 학당〉에 나오는 철학자, 수학자, 사상가들입니다. 아래 그림에서 표시된 분들의 업적과 사상에 대해서 비문에 적어 보는 활동을 해 보겠습니다.

1. 플라톤
2. 아리스토텔레스
3. 피타고라스
4. 유클리드
5. 디오게네스

1. 아래의 묘비에 이들의 업적을 적어 보겠습니다.

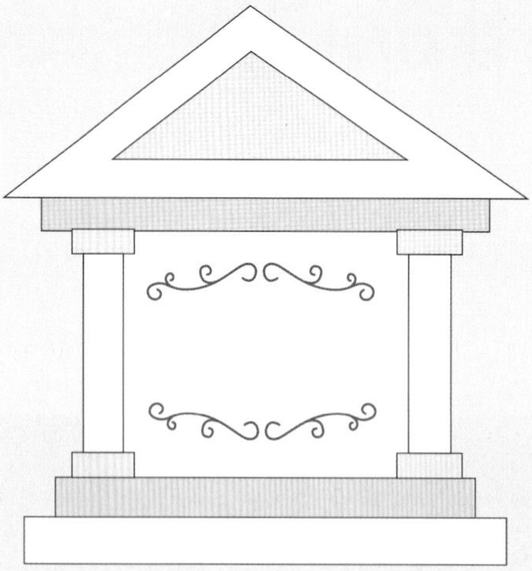

2. 콜로세움 색칠하고 건축 양식 설명하기

그리스 신전의 기둥 양식

그리스 건축 양식을 보면 도리아식, 이오니아식, 코린트식으로 디자인되어 있습니다. 로마의 콜로세움의 기둥을 보면 1층은 도리아식, 2층은 이오니아식, 3층은 코린트식으로 이뤄져 있다는 것도 함께 확인해 보겠습니다.

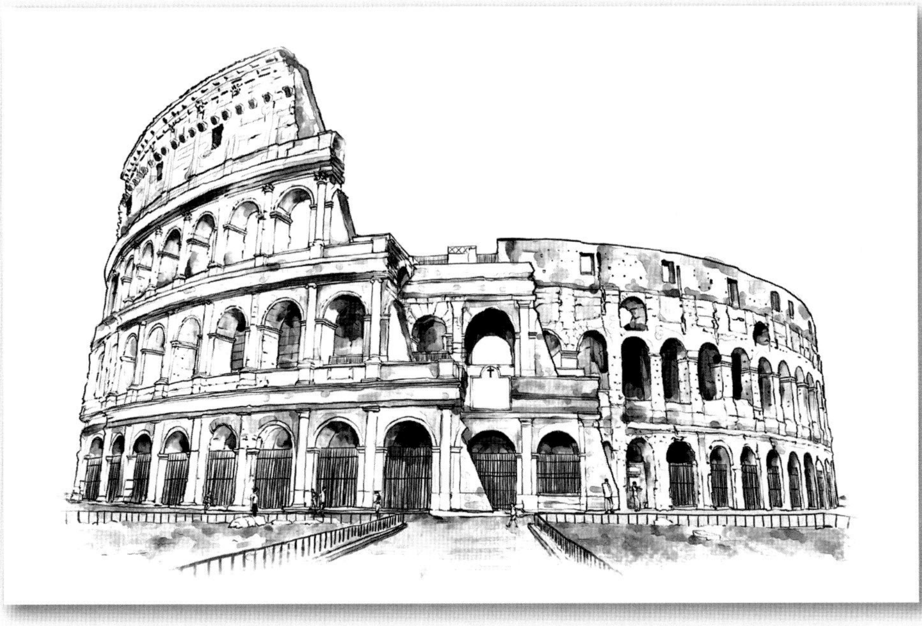

콜로세움을 색칠하면서 1층, 2층, 3층에 그려진 기둥 양식을 세심하게 표현하면서 색칠을 해보도록 하겠습니다. 아이들은 정교한 패턴이 반복되는 콜로세움을 색칠하면서 사물을 자세하게 관찰하는 능력을 키우게 됩니다. 세계사와 역사를 공부할 때, 유물과 유적 지도를 많이 그려 보게 하는데요. 그 이유는 손으로 직접 써 보고 그려 보게 되면 기억에 더 오래 남게 됩니다.

5

왜 인공지능이 문제일까?

책 소개	전문가 분석표
 조성배(대학교수) 지음 | 반니 | 2017년 10월 30일	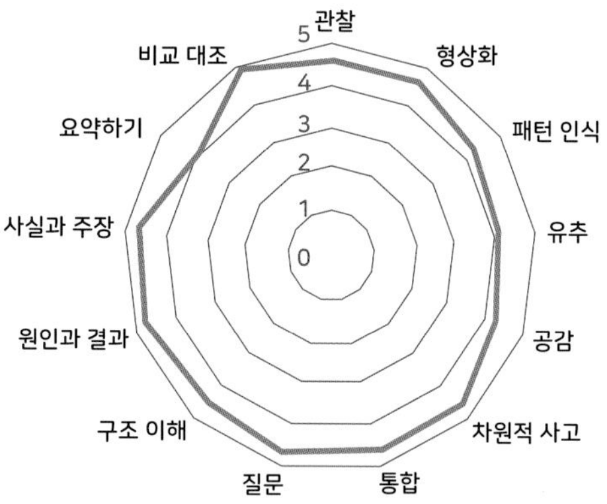

어떤 책인가요?

이 책의 저자 조성배는 연세대학교 컴퓨터학과 교수로 인공지능과 패턴 인식 분야에서 1,000편이 넘는 논문을 발표했습니다. 저자는 청소년들이 인공지능에 대해서 제대로 파악하고 사회변화에 대처할 수 있도록 당부하고 있습니다.

책은 총 9장으로 이루어져 있습니다. 1장과 2장에서는 영화와 일상생활 속에서 볼 수 있는 인공지능의 모습을 보여 줍니다. 3장에서는 인공지능 발전 역사를 알아볼 수 있습니다. 1950년 앨런 튜링이 튜링 테스트를 제안하면서 인공지능 판별의 기준을 마련하게 되었습니다. 1990년대에는 IBM의 딥블루가 세계 체스 챔피언을 격파했고, 2016년에 구글의 알파고는 이세돌과의 바둑 대결에서 승리하였습니다. 이로써 인공지능의 위력이 현실적으로 드러났습니다.

4장에서는 인공지능을 만드는 기술에 관해서 설명하고 있습니다. 경우의 수를 따지는 탐색, 지식을 표현하고 처리하는 논리 추론, 뇌 구조를 모방한 신경망 기계학습, 심층학습이 가능한 딥러닝의 방법들을 소개합니다.

5장 〈인공지능의 개발 어디까지 왔나?〉에서는 인공 비서의 역할을 하는 아마존의 '알렉사'나 애플의 '쉬리'에 대해 알아봅니다. 유튜브는 비디오를, 아마존은 사용자의 성향에 맞게 상품을 추천하는 시스템을 이용하고 있습니다. 또한, 의료와 법률, 금융, 산업 분야에서 인공지능이 다양하게 활용되고 있습니다.

6장은 인공지능 기술로 사라질 직업과 새롭게 생겨날 직업에 대해서 설명하고 있습니다. 7장과 8장에서는 인공지능이 상용화될 때를 대비하여 법과 윤리에 대해 생각해 보는 장입니다. 9장에서는 4차 산업혁명과 인공지능으로 변화가 될 미래 모습과 인공지능 기술을 현명하게 활용하는 방법에서 알아보게 됩니다.

초등교과 연계

- 5-1-가-5 글쓴이의 주장(인공지능, 인류의 희망일까 재앙일까?),
- 국어 5-1-나-9 (미래 사회의 변화에 대처하는 자세)

이 책을 선정한 이유는 무엇인가요?

국어 5-1-가-5단원 〈글쓴이의 주장〉에서는 〈인공지능, 인류의 희망일까 재앙일까?〉라는 제목의 논설문을 배웁니다. 인공지능이 우리 사회에 미치는 긍정적인 영향과 부정적인 영향에 관한 글 2편을 비교 분석해 봅니다.

국어 5-1-나-9 〈미래 사회에 필요한 사람은 어떤 사람일까요?〉라는 글을 통해 앞으로는 정해진 정답을 찾는 사람보다 새로운 방식과 변화에 적응하고 타인을 돕고 존중하는 사람이 성공할 것이라고 이야기합니다.

5, 6학년 국어와 사회 교과서에서는 자신의 주장을 표현하는 글쓰기가 강조되고 있습니다. 자신의 주장을 잘 표현하려면 결국 그 글은 타인이 읽었을 때 설득력이 높은 글이라고 보아도 무방할 것입니다. 이에따라 설득력 있는 논설문을 쓰려면 주장과 근거가 적절해야 하고, 논리적인 연결성이 있어야 합니다. 평소에 독서를 통해서 배경 지식을 쌓고 통계 자료, 시각 자료, 사진 등 다양한 정보를 활용하는 능력도 필요합니다. 저는 《왜 인공 지능이 필요할까?》를 3가지 이유로 추천합니다.

첫째, 다각적 주제 구성이 탁월한 책입니다. 책의 어느 페이지를 펼쳐도 빠르게 정보를 습득할 수 있고 인공지능의 역사, 활용 사례, 앞으로 사라질 직업 등을 쉽게 알 수 있습니다. 게다가 이 책은 이해에서 그치는 것이 아니라, 우리 아이들이 논설문을 쓸 때 충분한 근거 자료를 제시하고 있는 점이 가장 큰 장점이라고 할 수 있습니다.

둘째, 인공지능과 사람의 학습법을 비교할 수 있습니다. 인공지능은 사람의 신경 구조를 모방한 학습을 하게 됩니다. 이 중 경우의 수를 생각해 보는 기능은 '확률과 함수'와 매우 밀접한 관계를 가지고 있습니다. 지식을 표현하고 처리하는 논리 추론 과정은 연역적 추론, 귀납적 추론의 방법으로 이해할 수 있습니다. 또한, 인공지능이 학습을 하기 위해서 필요한 빅데이터는 우리가 책을 통해서 얻게 되는 간접 지식과 체험을 통해서 얻는 직접 지식으로 생각해 볼 수 있습니다. 기계의 딥러닝 방법은 책을 정독해서 자기 것으로 만들어 내는 방법으로 이해할 수 있겠습니다.

셋째, 인공지능이라는 새로운 기술이 우리 사회에 들어오게 될 때 발생할 수 있는 가치의 변화를 생각해 볼 수 있습니다. 인공지능 기술로 기존의 직업들이 사라지게 됩니다. 또한, 로봇이 생산한 부를 어떻게 나누어 가질지에 관해서 로봇세를 부과하는 방안도 유럽연합(EU)에서 거론되고 있습니다. 인공지능 어드바이저를 어느 정도 믿어야 할지, 인공지능 의사, 자율주행 차량의 사고는 누가 책임을 져야 할지? 등에 대해서도 철학적 가치를 가지고 선택을 해야 합니다. 이에 관해서는 과학자와 시민들이 토론을 통해서 공론을 마련해야 할 것입니다.

책 속으로 (Best pick 3)

인공지능에 관심 있는 개발자와 연구자들이 구글로 모이고 있다. 구글의 인공지능 맨해튼 프로젝트는 인공지능 개발을 위해 2013년부터 시작한 프로젝트다. 제2차 세계대전 당시 천문학적 돈과 인력을 투입해 원자폭탄을 개발했던 프로젝트와 같은 명칭이다. 구글은 이 프로젝트에 따라 인공지능 관력 기업을 사들이고 인력을 보강하면서 인공지능 개발에 박차를 가하고 있다. 이미 수억 달러 단위의 기업 합병을 진행했고, 10여 개가 넘는 인공지능 관련 기업이 구글 프로젝트에 가담했다.

요즘은 지능이나 의식의 본질을 뇌신경과학이나 인지과학의 범주에서 탐구하려는 시도가 등장하고 있다. 양자컴퓨팅이나 인공생명으로 인공지능을 구현하려는 새로운 패러다임의 연구도 보인다. 특히 기기의 발전에 힘입어 뇌 영상을 매우 세밀하게 촬영할 수 있게 되면서 뇌과학적으로 두뇌의 기능을 이해하려는 시도도 늘고 있다. 하지만 실용적으로나 산업적으로 활용할 수 있기까지는 아직 오랜 시간이 필요하다.

최근 성공적인 인공지능 시스템을 보면 대개 한 가지 기술을 복합적으로 활용한다. 알파고도 전체 구조는 탐색 기술을 따르지만, 세부적으로 탐색의 가짓수를 줄이는 데는 신경망 기술을 사용한다. IBM 왓슨도 상식 수준의 방대한 지식을 체계적으로 표현하는 규칙 기반 시스템을 바탕으로 정답의 가설을 만들고 이를 효과적으로 줄이는 과정에 기계학습 방법을 사용하면서 여러 인공지능 알고리즘을 복합적으로 활용한다.

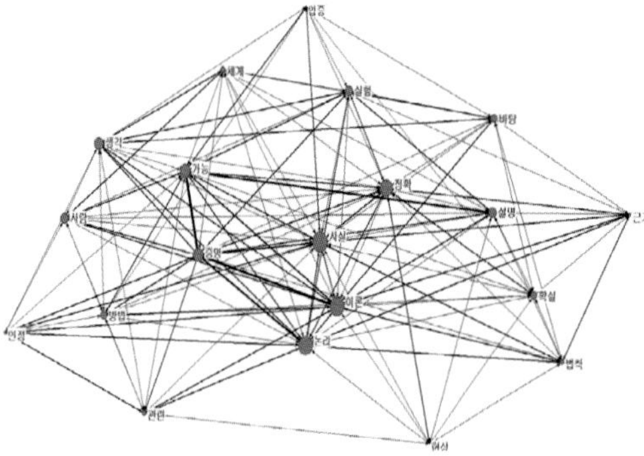

[그림 1] 중학교 과학 영재들의 '과학적' 인 것의 의미에 대한 언어

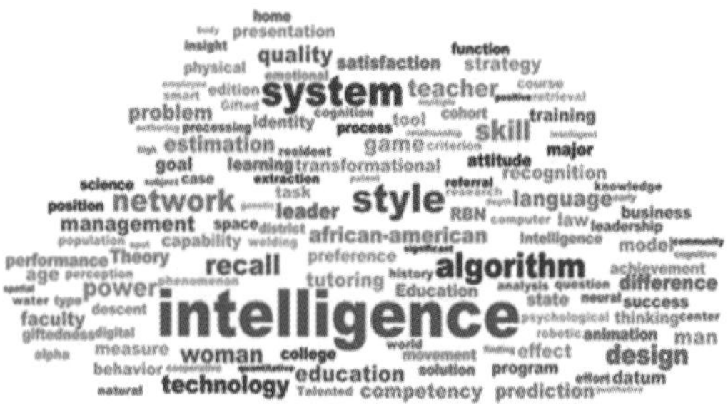

[그림 2] 텍스트 마이닝

이준기, 하민수(2012)의 [그림 1] 언어 네트워크 분석법은 중학교 과학 영재들이 인식하고 있는 '과학적'이라는 언어를 인식하는 개념 언어를 시각화한 자료입니다. [그림 2]는 일정 텍스트에서 언어의 빈도와 중요도에 따라 시각화하여 정리한 것입니다. 사람의 뇌 연구는 아직까지 미지의 영역이고 인공지능 기술 발달에도 크게 영향을 미칩니다. 이 책을 통해 친구들과 '사람을 대체할 인공지능이 만들어진다면' 등 다양한 이야기를 나눠 볼 수 있습니다.

자율주행차가 승객 1명을 싣고 운행하다가 도로를 무단 횡단하는 보행자 10명과 마주쳤다. 너무 갑작스러운 상황이라 인공지능은 제때 멈추지 못했고, 오직 급히 우회전을 해야만 보행자를 살릴 수 있다. 하지만 도로의 오른쪽은 낭떠러지여서 우회전을 할 경우 승객이 희생당하게 된다. 자율주행차는 보행자 10명을 살려야 할까, 아니면 차에 탄 1명의 승객을 보호해야 할까? 여러분이라면 어떻게 결정할 것인가?

> 이는 세계적 학술지 〈사이언스〉에 실린 〈자율주행차의 사회적 딜레마〉라는 논문에서 제기한 문제다. 이 연구의 설문조사 결과에서는 많은 사람이 보행자를 위해 승객이 희생하는 쪽을 택했다. 그런데 만일 그 승객이 위대한 대통령이거나 훌륭한 과학자라면 어떨까?
>
> 어쩌면 10명을 희생해 수십에서 수백만 명의 사람들에게 이로운 일을 할 1명을 살리는 것이 인류를 위해서 더 나은 선택일 수도 있다. 혹은 그 승객이 자신이나 가족이라면 반드시 살려야 한다는 생각이 들지 않을까? 인공지능은 피할 수 없는 극단적인 상황에서 누구를 희생하도록 프로그래밍해야 할까?

마이클 샌델의 《정의란 무엇인가?》에 나오는 '트롤리 딜레마'에서는 고장 난 트롤리를 운전하는 운전사는 다수가 있는 방향과 소수가 있는 방향 중 한 방향으로 핸들을 꺾어야 하는 상황을 가정하게 됩니다. 이때 대다수의 사람은 운전사는 다수를 살릴 수 있도록 소수가 해를 당하는 선택을 해야 한다고 답을 했습니다. 자율 주행 차량이 실제 도로로 다니게 되면서 우리의 가상 속에 존재하는 문제를 현실의 문제로 생각해야 합니다.

위의 상황에서는 많은 사람을 살리는 것이 승객을 보호하는 것보다 나은 선택이라고 하지만, 승객을 보호할 수 없는 차량을 선택하려는 사람은 많지 않습니다. '인공지능이 다양한 상황에 어떻게 대처할 것인가?'에 대해서는 사회적 합의가 필요하고, 관련 법규와 제도가 마련되어야 합니다.

무엇을 준비해야 할까

먼저 어떤 직종에 종사하든지 종합적인 분석과 판단, 의사 결정과 의사소통 등의 역량을 키워야 한다. 직종을 분류해서 파악해 보면 이러한 역량이 요구되는 직종이 일자리가 대체될 가능성이 낮기 때문이다. 데이터 과학자나 화이트 해커 등 새로운 개념의 인공지능 전문가도 필요할 것이고, 소프트웨어 엔지니어의 위상도 올라갈 것이다. 이러한 직군을 위해서는 단순 지식을 암기하거나 답습하기보다는 창의성과 문제 해결력, 상호 협업 능력을 기르는 체험 중심의 교과 과정과 교육 방식을 도입해야 한다. 또한, 새롭게 떠오르고 있는 신산업 분야와 디지털 기술을 적극적으로 받아들이고 산업계의 요구에 맞는 수요 맞춤형 교육과 기술 훈련이 필요하다.

사회적으로 우리가 어떤 직업을 갖거나 역량을 갖추느냐보다 사회 전반에서 인간의 역할이나 일의 가치를 어떻게 평가할 것이냐에 대한 논의가 필요하다. 단순히 경제적인 이익에만 가치를 부여하는 것이 아니라, 사회적으로 대가를 지급할 인간의 역할이나 일을 다양하게 규정하고 적절한 대가를 지급하는 제도를 갖추어야 한다.

큰 아이는 중학교 2학년 때부터 2년간 친구들과 함께 동아리 활동을 했습니다. 자신들이 관심 있어 하는 로봇에 대해 매주 3시간씩 모여서 함께 공부를 했는데요. 저는 아이들이 한참 공부해야 할 시기에 이렇게 모이다 보니 불안하기도 하고 궁금하기도 했습니다. 그래서 아이들이 무엇을 하는지 따라가 보았습니다. 그날은 작은 세미나실에 모여 아두이노 프로그램을 잘 아는 친구가 다른 친구들에게 로봇 작동을 코딩하는 것을 강의하고 있었습니다. 학교에서는 배우지 않는 내용인 것 같았는데요. 직접 준비한 강의 내용을 친구들에게 알려 주고 아이들은 서로 질문하면서 자유롭게 활동하는 모습을 보았습니다.

이 아이들은 체험 활동 결과물을 정리해서 로봇 인터넷 사이트를 만들었는데요. 어떤 친구는 로봇 관련 학과에 관해서 자료 수집을 하였고, 다른 친구는 영화, 책 속에서 만날 수 있는 로봇을 소개하였습니다. 다른 친구는 동아리 활동 자료를 열심히 올렸습니다. 그렇게 아이들의 노력으로 로봇에 관한 정보를 모은 사이트를 오픈하게 되었습니다. 이 결과물로 창의적 체험 활동 대회에서 수상을 했는데요. 아이들은 동아리 활동을 통해서 미래 사회에 필요한 능력을 키워가는 모습을 보게 되었습니다. 아이들은 우선 공부하고 싶은 분야에 대해서 계획을 세우고 모임을 진행하면서 창의적이고 다각적으로 사고를 했습니다. 그리고 서로 협업하여 과제를 진행하고 이를 통합하였습니다.

제가 MBA 수업을 들을 때 경영 전략이라는 과목을 들었습니다. 그때 저와 함께 공부했던 분은 반도체 메모리를 생산하시는 분이었는데요. 우리나라가 메모리 반도체 분야에서는 선두이지만, 비메모리 분야를 키우기 위해서는 교육과 산업 환경이 바뀌어야 한다고 강조했습니다. 지금의 위계 질서와 상부하달식 방법으로 비메모리 생산을 해낼 수 없기 때문에 창의적 능력과 유연성을 키울 수 있는 교육 과정이 필요하다고 하였습니다. 능동적이고 창의적인 태도를 지녀야 새로운 기술 변화 속에서 대응해 나갈 수 있을 것입니다.

이렇게 활용해 보세요.

글쓰기 도구 14. 사업 계획서 쓰기

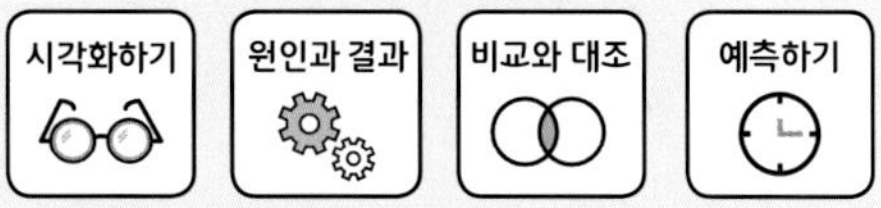

인공지능이 활용하는 기술은 차원적 사고, 즉 공간을 입체로 생각할 수 있는 능력입니다. 네트워크를 구성하는 차원적인 사고는 평면적인 2차원이 아닌 3차원, 시간을 함께 생각하면 4차원적인 시고입니다. 이 장에서는 아이들이 쓰는 일기, 글쓰기 언어를 수집해서 워드 클라우드로 처리해 보는 작업을 해보면서 언어로 구성되는 네트워크를 차원적인 사고로 정리해 보겠습니다. 워드 클라우드 사이트를 이용해 보겠습니다.

http://wordcloud.kr 워드클라우드

1. 데이터 추출

흔히 이용하는 SNS나 신문 기사, 아니면 내가 쓰는 일기, 블로그에서 Text Data를 추출할 수 있습니다.

2. 단어 네트워크 추출

전체 텍스트를 문장, 문단, 문서 단위로 구분한 후 단어가 어떤 문장, 어떤 문서와 관계가 있는지 네트워크 데이터로 표현하며, 단어끼리 네트워크를 생성하며 기존의 네트워크 분석 방법을 적용하게 됩니다.

3. 워드 클라우드

단어의 중요도나 빈도 등에 따라 단어의 크기를 달리하여 시각화하는 방법입니다. 아이들이 쓴 글을 워드 클라우드로 시각화하는 작업을 해 보겠습니다. 그리고 아이들이 많이 쓰는 언어도 파악해 볼 수 있습니다.

4. 인공지능 로봇 사업 계획서 만들기

차원적 사고는 다차원적으로 생각해 보는 방법입니다. 수업 시간에 아이들과 사업 계획서 쓰기를 해 보았습니다. 아이들은 사업 계획서를 써 보면서 자신이 사장님이 되어서 제품을 판매하면서 미래의 부자가 될 수 있다는 생각을 하면서 상당히 즐거워합니다. 사업 계획서를 쓸 때 고려해야 할 점들을 가이드해 주면 아이들이 쓴 사업 계획서의 완성도가 높아집니다.

먼저 어떤 아이템을 가지고 사업을 할지에 관해서 조사해 보겠습니다.

1. 사업 개요, 사업 배경 & 배경
2. 시장 분석을 통해서 경쟁사를 분석합니다.
3. SWOT를 통해서 사업의 강점과 약점 등을 연구합니다.
4. 제품의 성능에 대해서 알아봅니다.
5. 판매 방법도 생각헤 봅니다.

이런 순서로 사업 계획서를 쓰고 발표해 보았습니다. 아이들이 만든 회사로는 학원 다니는 아이들을 위해 간식을 배달해 주는 회사, 어린이들이 필요한 정보를 담은 앱 개발, 교육용 로봇 등 다양한 회사를 만들어 보았습니다.

이 과정을 통해서 통합적인 사고를 하고 아이들의 독창적인 아이디어를 만들어 나가게 됩니다.

■ **로보키퍼 사업계획서**

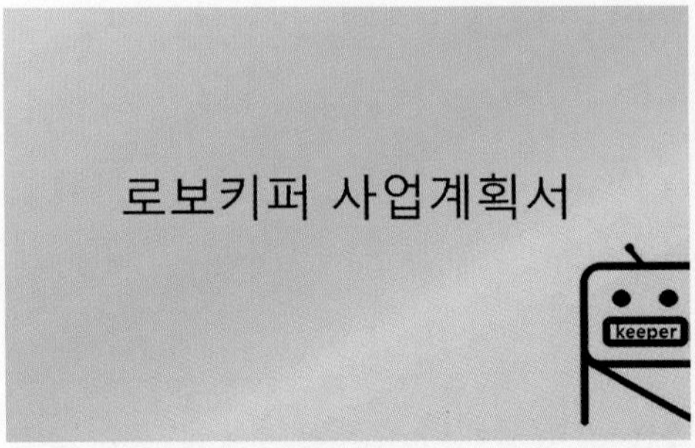

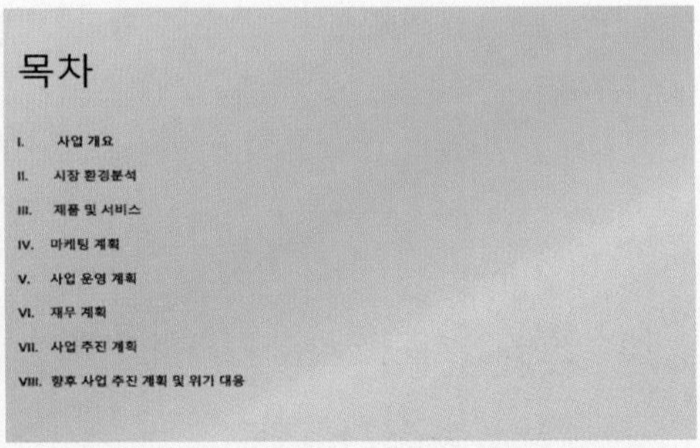

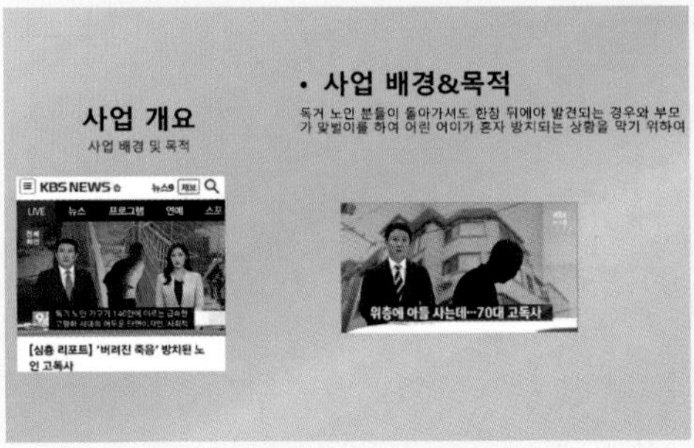

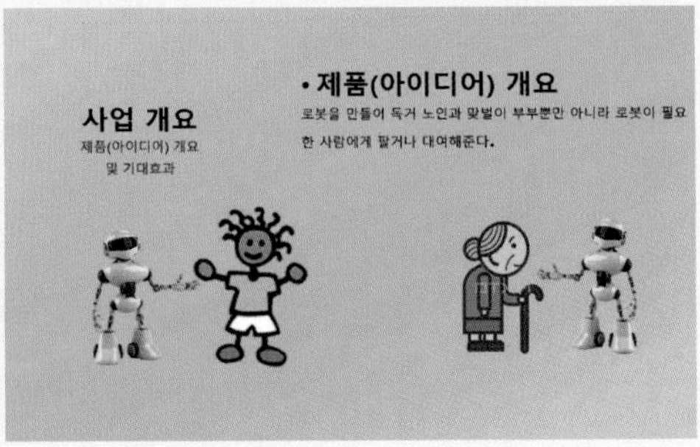

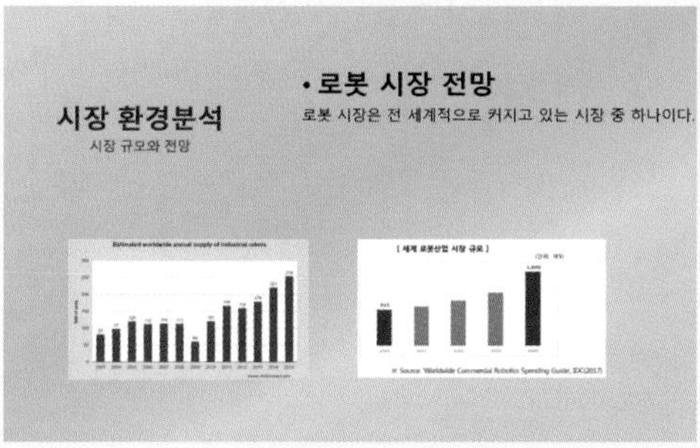

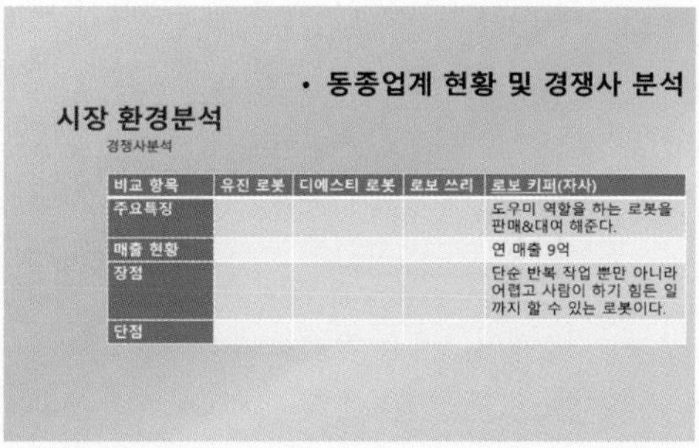

비교 항목	유진 로봇	디에스티 로봇	로보 쓰리	로보 키퍼(자사)
주요특징				도우미 역할을 하는 로봇을 판매&대여 해준다.
매출 현황				연 매출 9억
장점				단순 반복 작업 뿐만 아니라 어렵고 사람이 하기 힘든 일까지 할 수 있는 로봇이다.
단점				

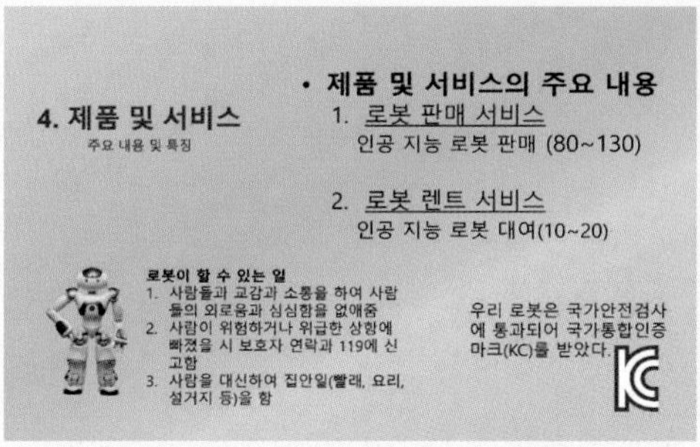

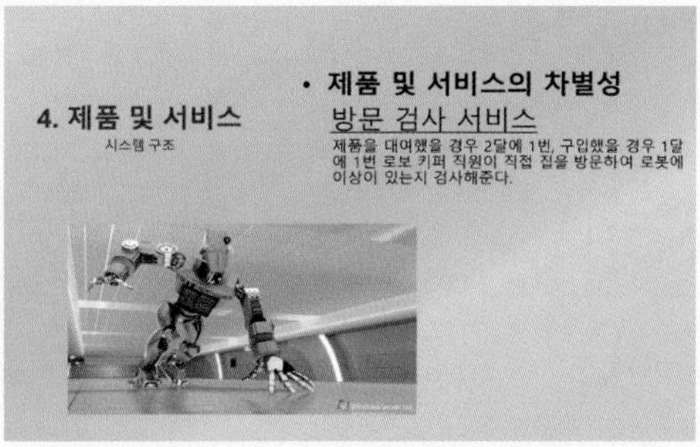

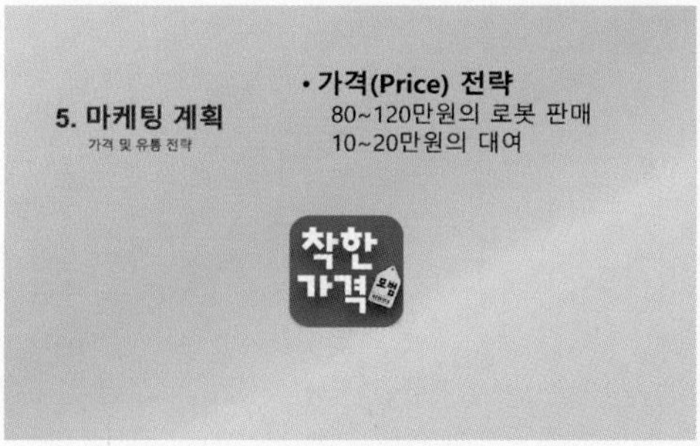

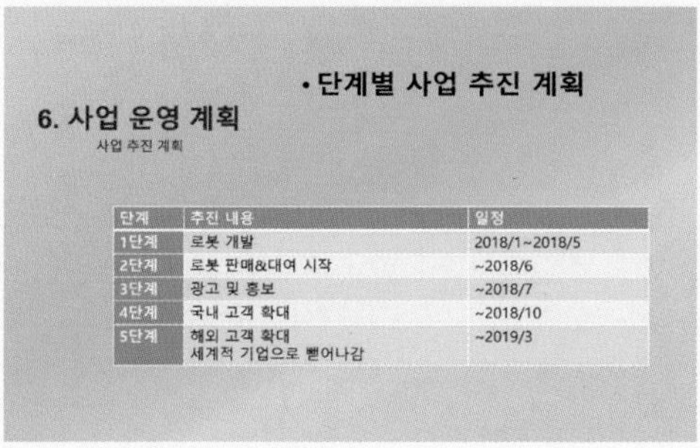

단계	추진 내용	일정
1단계	로봇 개발	2018/1~2018/5
2단계	로봇 판매&대여 시작	~2018/6
3단계	광고 및 홍보	~2018/7
4단계	국내 고객 확대	~2018/10
5단계	해외 고객 확대 세계적 기업으로 뻗어나감	~2019/3

감사합니다

| 원촌 중학교 3학년 정현우의 6학년 때 작품 |

04

교실 밖 세상 읽기

비판적 사고력을 키워줍니다.

환경

1

최열 아저씨의 지구촌 환경 이야기 1

책 소개	전문가 분석표
 최열(사회기관단체인) 저 | 청년사 | 2002년 4월 15일	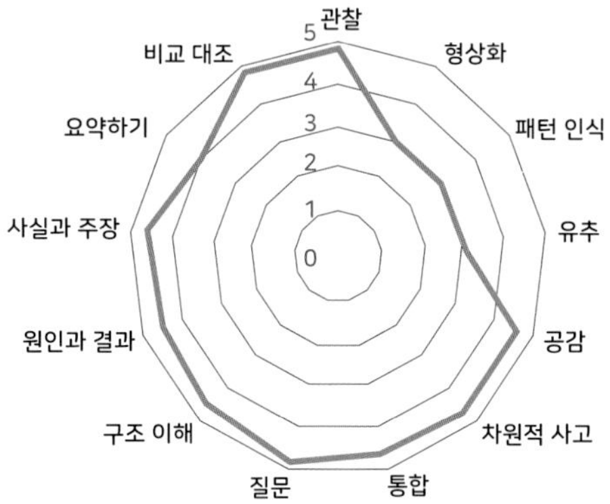

어떤 책인가요?

이 책의 저자 최열 선생님은 1982년에 우리나라 최초 민간 환경 단체인 〈한국 공해 문제 연구소〉, 1983년 〈환경운동연합〉을 설립해서 환경을 지키기 위한 활동을 해오셨습니다. 현재는 2002년에 설립한 〈환경재단〉의 대표로 활동하고 계십니다. 1999년에는 미국 월드워치 연구소가 꼽은 세계 시민 운동가 15인에 선정되기도 하였습니다.

이 책은 3장으로 구성되어 있습니다. 첫째 마당, 〈먹을거리 이야기〉에서는 가공 식품, 항생제를 먹여 키운 소와 닭, 유전자 변형 식품, 수입 농산물 등이 인체와 환경에 미치는 영향에 대해 알게 됩니다. 그리고 건강한 식습관을 실천할 수 있는 다양한 방법도 소개되어 있습니다.

둘째 마당, 〈쓰레기 이야기〉에서는 음식물 찌꺼기, 일회용품, 바닷속 쓰레기, 산업 쓰레기가 환경에 미치는 악영향에 대해서 알아보게 됩니다. 그리고 쓰레기를 줄일 수 있는 방법에 대해서 전문가의 인터뷰를 통해서 배울 수 있습니다.

셋째 마당, 〈물 이야기〉에서는 수돗물, 하천과 바다, 공장 폐수에 관해 사진 자료와 다양한 예시를 통해서 문제점을 인식하게 됩니다. 물 부족 국가인 우리나라가 물 문제를 해결할 수 있는 방법과 생활 속에서 합성세제를 쓰지 않는 방법에 대해 생각해 볼 수 있습니다.

〈지구촌 환경 리포트〉에서는 우리나라의 환경 문제와 더불어 세계의 환경 문제도 함께 살펴보게 됩니다. 중국에서 오는 오염 물질이 우리나라 미세먼지 발생에 영향을 미치는 것처럼 환경 문제는 세계의 여러 나라와 밀접하게 관련되어 있습니다. 이 책에서 다른 나라의 사례를 보면서 환경 문제를 해결하는 방법을 많이 보여 주고 있는데요. 이를 통해서 우리나라의 환경 운동과 환경 교육이 나아가야 할 방향에 대해서 함께 생각해 볼 수 있습니다.

초등교과 연계

국어 6-1-가 4. 주장과 근거를 판단해요.

이 책을 선정한 이유는 무엇인가요?

중앙일보 2019년 7월 12일자 기사에는 제주 바닷속 쓰레기가 해마다 2만t씩 쌓인다는 내용과 함께 폐사한 붉은 바다거북의 사진이 실렸습니다. 죽은 물고기의 배속에는 비닐과 플라스틱 조각들이 들어 있어서 더욱더 안타까웠습니다. 또한, 바닷 속에 산더미처럼 쌓인 쓰레기를 보니 이제는 더 이상 피해갈 곳이 없는 한계 상황에 도달하고 있다는 생각이 들었습니다. 그동안 우리 사회는 경제 성장을 위해 빠르게 달려왔기 때문에 환경 문제문제의 심각성을 간과해 왔습니다. 우리 아이들에게 환경 문제에 관한 빚을 넘겨 버리는 것 같아서 마음이 무겁습니다. 지금이라도 방법을 찾아야 합니다.

환경 교육은 자연과 인간 및 문화 환경의 상호 연관성을 이해하는 것에서 출발합니다. 그리고 환경을 보호하고 서로 존중하는 태도가 필요합니다. 환경 교육의 최종 목표는 환경 문제를 해결하기 위해서 지식과 기능을 갖춘 사람을 양성하는 것입니다.

최미자(2002)는 '제7차 교육과정 초등교사용 지도서의 환경 교육 관련 학습 목표 분석'에서 환경 교육의 목표에 대해 K(지식, 정보), S(기능), A(가치, 태도), P(행동, 참여)로 나누고 교과서를 분석하였습니다. 초등 교과서의 환경 교육은 지식과 정보(K), 기능(S)에 집중되어 있고, 환경 문제를 위한 구체적인 활동 방법(P)과 가치관(A)을 기르는 교육이 부족했습니다. 2019 개정 교과서에도 6-1 국어 교과서에 자연을 환경을 보호하자는 내용의 자연환경 오염의 실태를 나타내는 정보와 지식(K)에 관한 항목은 나오지만 환경 보호를 실천하는 방법에 관한 자료는 부족합니다.

[표 1] 환경 교육 분석 기준

목표	정보 및 지식 (Information, Knowledge: K)	기능 (Skill:S)	가치 및 태도 (Value&Attitude: A)	행동 및 참여 (Action& Participation:P)
구체적 목표	자연환경의 오염 실태, 인간과 생태계의 상호 관계	환경 문제를 해결하는 기능, 환경 현상 과학적 탐구	친환경적 가치관 환경 공동체 의식, 환경 윤리	환경을 개선하고 보전하기 위한 자발적 참여

〈지구촌 환경 리포트 1〉는 다음과 같은 3가지 강점을 가지고 있습니다.

첫째, 지구촌 환경 문제의 실태에 관해 6가지의 대주제를 다루고 있습니다. 〈지구촌 환경 이야기 1〉에는 먹을거리, 쓰레기, 물에 대해서, 〈지구촌 환경 이야기 2〉에서는 공기, 에너지, 생태계에 대해서 배울 수 있는데요. 최열 선생님은 환경 오염을 일으키는 다양한 화학 물질, 다양한 질병에 관한 용어들도 이야기를 해주듯 쉽게 설명해 줍니다. 2권의 책을 다 읽으면 환경 문제에 대해서 깊이 있게 이해를 할 수 있습니다.

둘째, 환경 문제를 해결해 나갈 수 있도록 구체적인 실천 방법을 제시하였습니다. 다양한 전문가들의 인터뷰와 〈우리들은 환경 박사〉라는 코너를 통해서 먹을거리, 쓰레기, 물에 관해 어린이들이 실천할 수 있는 방법을 보여 주고 있습니다. 저자는 아이들이 좋은 환경 속에서 건강하게 자랄 수 있도록 환경을 지켜나가야 한다고 강조하고 있는데요. '환경재단'에서 운영하고 있는 어린이 환경 교육 프로그램들을 인터넷 사이트에서 찾아보고, 직접 참여해 보는 것도 좋은 방법입니다. 환경 교육은 머리로만 이해하는 것이 아니라 실천과 참여가 함께 이루어져야 합니다.

셋째, 환경 운동을 오랫동안 해 오신 선생님의 생활 습관과 삶의 가치가 묻어납니다. 선생님은 우리 농산품을 주로 이용하고 외식보다는 집에서 식사를 합니다. 일회용품이나 꼭 필요하지 않은 물건은 되도록 사지 않고, 물건을 적게 소유하려는 모습이 책 속 곳곳에서 나타납니다. 이 책은 환경 문제에 관한 정보와 지식 전달의 차원을 넘어서 환경을 공동체로 생각하는 친환경적인 가치관과 태도가 담겨 있습니다.

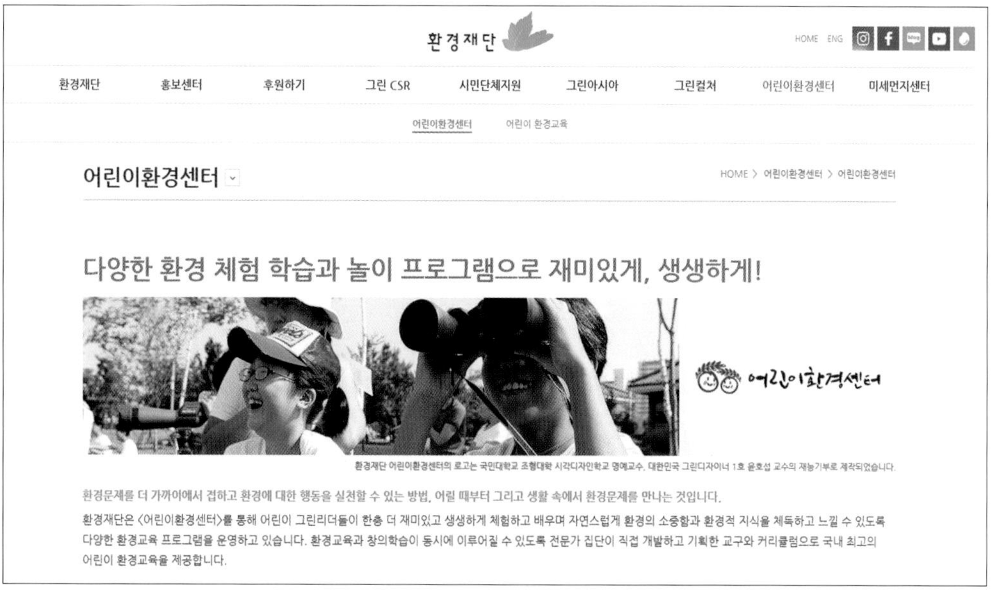

책 속으로 (Best pick 3)

생명의 소리가 없는 침묵의 봄이었습니다. 떠오르는 아침 해와 함께 들려 왔던 종달새, 개똥지빠귀, 비둘기, 굴뚝새 등 수많은 새들의 지저귐은 더 이상 들려 오지 않았습니다. 오직 무거운 침묵만이 벌판과 숲, 소택지들을 짓누르고 있었습니다.

한때 그처럼 아름답던 길가에는 불에 그을린 것처럼 짙은 갈색으로 시들어 버린 채소들이 줄지어 있을 뿐이었습니다. 이곳 역시 모든 생명체들이 파괴되어 침묵만이 자리하고 있었습니다. 시냇물도 생명력을 잃었습니다. 시냇물에 살고 있던 물고기들이 모두 죽어 버렸습니다.

지붕의 기와 사이와 처마 아래 홈통에는 흰색의 과립형 가루가 몇 무더기씩 보였습니다. 그 가루들은 수 주일 전에 지붕과 잔디밭, 벌판, 시냇물 곳곳에 눈처럼 뿌려진 농약 가루였습니다.

이 마을을 이처럼 황폐화시켜 새로운 생명의 탄생이 없는 침묵의 땅으로 만든 것은 마술도 아니고 적의 침입도 아니었습니다. 그것은 그곳에 있는 사람들 스스로가 만든 재앙이었습니다.

《침묵의 봄》(1991, 참나무 출판사) 중 〈내일을 위한 동화〉에서 옮겨 옴.

레이첼 카슨의 《침묵의 봄》은 살충제가 생태계에 미치는 영향에 관해서 1965년에 발간된 책으로 대중들에게 큰 공감을 얻었습니다. 이 책은 환경사상가, 환경단체, 과학자, 대중에게 커다란 영향을 주었습니다. 《침묵의 봄》 발간 이전에는 미국 내에서도 환경 관련 부서가 없었다고 하는데요. 이후 다양한 법률이 제정되고 환경운동이 활발해졌습니다.

위의 글은 이 책의 제1장 〈내일을 위한 동화〉입니다. 레이첼 카슨은 문학적인 소양을 충분히 갖추고 있었기 때문에 과학책을 어렵지 않게 동화로 썼습니다. 책을 발간한 후 그녀는 DDT를 생산하는 화학 회사로부터 갖은 협박을 받았다고 하는데요. 〈지구촌 환경 이야기 1〉를 쓰신 최열 선생님도 환경 운동을 하면서 많은 사람에게 공감을 얻기도 했지만, 효율성과 경제성을 강조하는 사람들은 환경 운동에 대해 좋지 않은 시선으로 바라보았다고 합니다.

이참 선생님은 독일이 고향이며, 1986년에 우리나라 국민이 되었습니다. 컨설팅과 방송 활동을 하고 계십니다. 참스마트(주) 대표이사로 일하며, 환경운동연합에도 도움을 주고 있습니다. 이참 선생님과 인터뷰 내용입니다.

1. 독일 사람들은 환경을 깨끗이 하기 위해서 어떤 노력을 하나요?

장을 보러 갈 때 꼭 장바구니를 가져갑니다. 그리고 되도록 비닐 봉투는 받지도 않고 쓰지도 않지요. 백화점에서도 재활용할 수 있는 종이로 만든 봉투나 가방을 사용합니다. 상품을 고를 때도 분해가 되거나 재활용이 되는 재료로 포장했는지 꼼꼼하게 확인하지요.

일주일이나 한 달에 한 번씩 동네마다 열리는 벼룩시장도 쓰레기를 줄이는 데 한몫 톡톡히 하지요. 누구든지 자기가 사용하던 물건을 벼룩시장에 가지고 나와서 팔 수 있기 때문에 저절로 재활용이 되거든요.

2. 독일 어린이들은 어떻게 환경 공부를 하나요?

독일 어린이들은 자연 학습을 자주 갑니다. 선생님과 함께 학교 근처에 있는 산에 올라가서 어떤 동식물이 살고 있는지 알아 보고, 쓰레기나 폐수로 오염된 곳이 없나 살핍니다. 환경 문제를 어떻게 해결할 것인가를 토론하고, 생활 속에서 실천할 수 있는 일들을 찾아내지요. 또 독일 학교에서는 어린이들에게 집에서 나온 음식물 찌꺼기를 가져오라고 해서 퇴비로 만든 다음 다시 나누어 줍니다. 이런 과정을 통해 어린이들은 쓸모없어 보이는 음식물 찌꺼기가 식물을 잘 자라게 하는 퇴비로 변하는 과정을 직접 관찰하면서 체험할 수 있지요.

《엔트로피》에서 제레미 리프킨은 사람들이 에너지를 확보하기 위해서 전력 생산을 증가시키려고 노력하는 것보다 더 비용이 적게 드는 방법은 에너지를 절약하는 것이라고 했습니다. 독일의 학교 교육은 환경을 직접 찾아보고, 느껴 보는 체험 교육으로 이루어져 있습니다.

가정에서도 재활용 쓰레기 중에서 플라스틱 통은 씻어서 분리 배출하고, 캔은 내부를 비워서 납작하게 눌러서 버릴 수 있도록 조금씩 지도해 준다면 아이들도 환경 문제에 대해서 관심을 더 많이 가지게 될 것입니다.

환경운동연합은 우리 환경을 지키기 위해서 많은 사람이 힘을 모아 일하는 곳이야. 날마다 나와서 일하는 사람도 있고, 회비를 내서 후원을 하는 사람도 있어. 그리고 짬짬이 틈을 내서 자원봉사를 하는 사람들도 많단다. 대학교에서 디자인을 가르치는 윤호섭 선생님도 깨끗한 환경을 위해서 자원봉사를 하시는 분이야.

윤 선생님은 학교에서 사람과 똑같은 크기의 플라스틱 인형을 하나씩 만들어 오게 한 다음, 학교 곳곳에 세워 두고 시계나 카메라에 들어가는 수은 전지를 다 쓴 다음에는 그곳에 넣으라고 하셨대. 그런데 얼마 되지 않아서 건전지가 인형의 가슴까지 채워졌다는구나. 윤 선생님은 그 인형을 보면서 우리가 사는 지구가 저런 상태가 아닐까 하는 생각이 들었대. 우리의 지구는 이미 가슴까지 쓰레기로 가득 차서 숨도 제대로 쉬지 못하고 있잖니.

윤 교수님이 만드신 플라스틱 인형도 넛지 효과를 이용한 넛지 디자인입니다. 'nudge'란 우리말로 '팔꿈치로 꾹 찌르다.'라는 뜻으로 감시나 규제 대신 사람들이 자연스럽게 참여하도록 유도해서 긍정적인 변화를 주는 것을 말합니다. 환경 문제는 사람들의 소비 생활과 행동 습관을 바꾸어야 하는 일입니다. 따라서 정수기에 '물을 아껴 쓰자'라고 쓴 문구보다 직관적으로 보이는 디자인이 사람들의 행동을 바로 바꿀 수 있게 됩니다. 오른쪽의 사진은 WWF(국제야생동물기금)에서 줄어드는 숲을 지키기 위해 화장지를 절약할 수 있는 디자인을 이용한 사례이고,

NRDC(미국천연자원협회)에서 제작한 정수기는 물이 부족한 지구의 심각성을 바로 실감하게 해 줍니다.

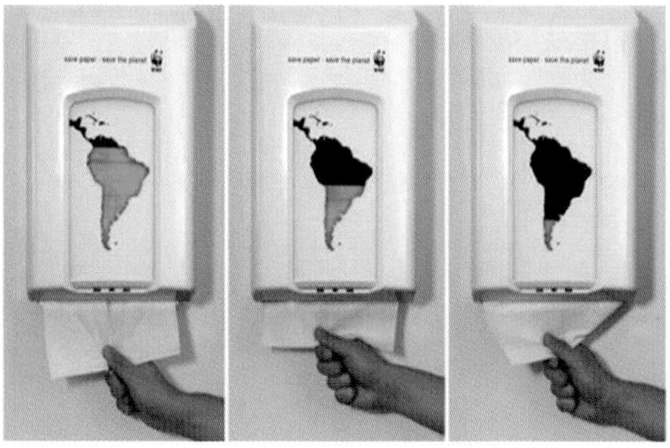

이렇게 활용해 보세요.

글쓰기 도구 13. 환경 신문 만들기

책을 읽고 먹을거리, 쓰레기, 물의 오염 실태에 관해서 기사문을 작성해 보겠습니다. 기사문을 작성할 때는 육하원칙(5W1H)에 근거해서 쓰도록 하겠습니다. 환경 신문을 만들면서 환경 오염의 원인과 결과에 대해서 쓰고, 이를 실천할 수 있는 방법에 관해서 함께 생각해 보겠습니다. 신문 만들기는 환경 오염의 심각성을 잘 표현할 수 있는 사진 자료, 통계 자료를 활용할 수 있고, 친구들 간의 협업을 통해서 글쓰기를 완성할 수 있다는 점이 장점입니다.

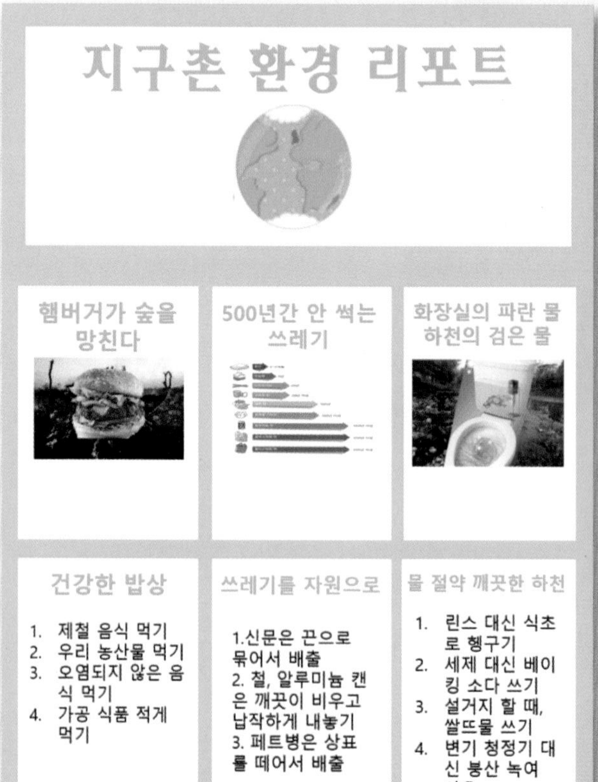

2

어린이를 위한 시간 관리의 기술

책 소개	전문가 분석표
 노지영 지음/김상인 그림/이희석 콘텐츠 ㅣ 위즈덤하우스 ㅣ 2011년 11월 7일	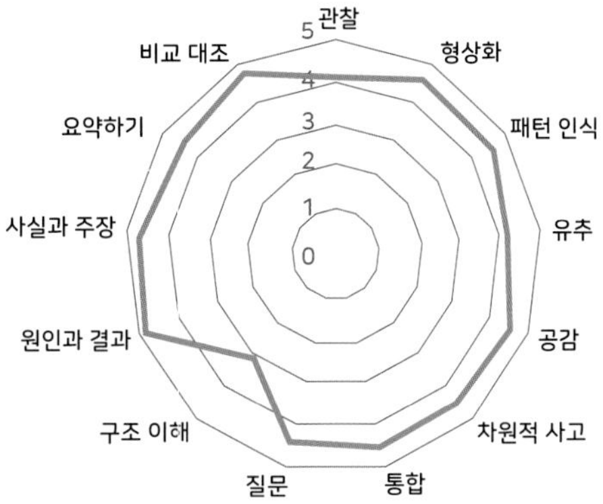

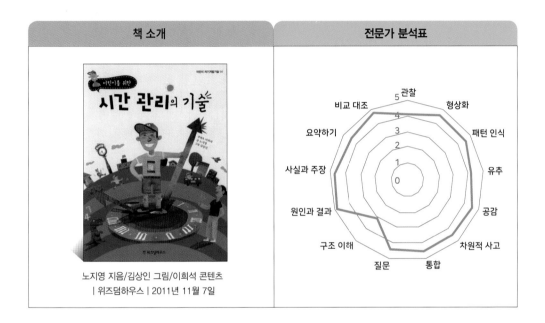

어떤 책인가요?

"종진후! 얼른 안 일어나?"

엄마와 진후의 전쟁이 시작되는 아침입니다. 진후는 시끄럽게 울리는 자명종을 꺼버리고 이불 속으로 몸을 파묻습니다. 결국 오늘도 지각입니다.

너무 서두른 탓일까요? 수업 시간에 숙제를 가지고 오지 않아서, 다른 시간에는 밀린 학원 숙제를 하다가 선생님께 야단을 맞습니다.

이런 진후의 집에 청학동 예절 선생님의 아들인, 진후보다 형뻘이되는 장훈장이 오면서 진후에게 아주 중요한 변화들이 생기게 됩니다. 훈장이는 진후에게 시간 관리, 목표 설정, 계획 달성 방법에 대해서 알려주게 됩니다. 그와 함께 진후도 서서히 올바른 생활 습관을 가지게 됩니다.

이 책은 우리 아이들이 어려워하는 시간 관리, 목표 설정, 비전 맵 작성하기 등 총 5장으로 구성되어 있습니다. 특히 자기 관리가 어려운 친구들에게 도움이 되는 실천 지침서입니다. 각 장의 마지막 부분 〈HOW TO〉에서는 올바른 시간 관리를 위한 계획표 작성법과 실천에 대한 다양한 방법을 알려 줍니다.

초등교과 연계

- 국어 5-1-가-1 대화와 공감
- 국어 5-1-가-10 주인공이 되어

이 책을 선정한 이유는 무엇인가요?

국어 5학년-1-가-1 단원 〈대화와 공감〉에서는 상대를 배려하면서 조언하는 방법과 서로의 감정을 공감하는 대화에 대해 배우게 됩니다.

교과서 속 예시 〈어린이를 위한 시크릿〉에서는 소심하고 자신감이 없어서 고민하는 친구에게 자신을 먼저 사랑해 보라는 해결 방법을 알려줍니다. 아이들은 컴퓨터 게임 시간을 줄이는 방법, 아침에 일찍 일어나는 방법에 대해서 생각해 보고 답을 함께 나눠 보게 됩니다.

국어 5학년-1-나-10 단원 〈주인공이 되어〉는 자신이 경험한 일을 바탕으로 이야기를 구성해 보는 단원입니다. 동화 〈잘못 뽑은 반장〉을 읽고 인물, 사건, 배경을 정리해 볼 수 있습니다. 그 후 자신이 겪은 일을 바탕으로 소설의 구성 단계인 발단-전개-위기-절정-결말의 구성을 갖춘 이야기를 써 볼 수 있습니다.

〈어린이를 위한 시간 관리의 기술〉은 어린이들도 공감하는 시간 관리나 공부 방법에 대해서 직접 실천해 볼 수 있다는 점에서는 유용합니다. 그리고 진후라는 아이의 성장 과정을 통해서 소설의 구성 단계를 배우고 등장인물의 갈등을 해결해 나가는 구성에 많이 아이들이 공감합니다. 저는 3가지 이유에서 이 책을 추천합니다.

첫째, 아이는 스스로의 생활을 확인해 보고 개선할 수 있습니다. 책 속 주인공 진후는 자기가 해야 할 일들을 챙기지 못해서 늘 엄마, 선생님께 꾸중 듣습니다. 반면 청학동 예절 선생님의 아들 훈장이는 계획을 세우고 목표를 성취하는 인물입니다. 두 사람의 대조적인 태도를 보면서 어린이들은 자신의 행동 습관을 객관적으로 바로 볼 수 있습니다. 동화 속에 나오는 역사 퀴즈 대회, 독서 퀴즈 대회를 준비할 때도 책에서 제시하는 방법으로 시간 관리를 해 나갈 수 있습니다.

둘째, 시간 흐름을 시각적으로 표현하였습니다. 아이들은 공부해서 얻을 수 있는 결과를 생각하기보다는 당장 놀고 싶거나 핸드폰을 보고 싶어 합니다. 나의 미래 꿈을 이루기 위해 공부해야 하는 양과 시간은 추상적인 개념이기 때문에 아이들의 직관적인 이해도를 높이기 위한 방법을 찾아야 합니다. 이 책에서는 시간 영수증과 하루 24시간에서 고정된 시간을 뺀 가용 시간을 이용해서 자신만의 시간표는 짜는 방법을 알려줍니다. 주간 계획, 월간 계획표를 따로 그려서 아이들 스스로 시간을 계획하고 실천할 수 있도록 부모님께서 도와 주시면 더욱 활용도가 높을 것입니다.

셋째, 작은 습관을 실천해서 꾸준히 공부할 수 있는 끈기를 길러 줍니다. 책에서는 불필요한 약속, 무리한 계획, 정리되지 않은 책상, 정리되지 않은 책가방, 게으른 생활 태도, 늦잠 등이 나의 시간을 뺏어가는 시간 도둑이라고 하였습니다. 자신의 미루는 습관을 잡는 방법으로는 자신이 해야 할 일들을 나열해 보고, 이들을 집중해서 처리하는 방법을 제시합니다. 그리고 자신의 주변 환경을 깨끗하게 정리 정돈해서 물건을 찾기 쉽게 만들고, 어지르는 습관을 바로 잡도록 하고 있습니다.

꾸준하게 운동하면 체력이 강해지는 것처럼 공부 습관과 학습 태도는 시험의 결과를 향상시킵니다. 어린이들에게 시간의 중요성과 목표 설정, 실천 방법을 손쉽게 알려줄 수 있다는 점에서 이 책을 추천합니다.

책 속으로 (Best pick 3)

아이: 훈장 선생님! 시간 관리란 무엇이죠? 눈에 보이지도, 손에 잡히지도 않는 시간을 어떻게 관리한다는 건가요?

훈장 선생님: 시간 관리는 곧 '자기 관리'를 의미하지. 시간은 쉬지 않고 흐르는 강물과 같단다. 흐르는 강물을 막고 싶다고 손으로 물살을 막는다고 해서 과연 흐르는 물살을 막을 수 있을까? 시간도 마찬가지야. 누구도 시간의 흐름을 막을 수는 없단다. 그러나 흘러가는 시간 속에서 나를 관리할 수는 있어. 자신을 잘 관리하여 내 생각과 의지대로 시간을 보내는 것! 그게 바로 시간 관리이고, 곧 자기 관리인 셈이지.

시간 관리의 초보는 늘 시간이 부족합니다. 자신이 해야 할 일에 대해 그 일을 하지 않으면 나타날 현상을 예상하지 않고, 당장 하고 싶은 게임하기, 눈앞에 재밌는 영상을 보면서 시간이 흐르는 줄도 모릅니다. 반면 시간 관리의 고수는 내일 해야 할 숙제와 준비물, 학원 숙제들에 대해서 미리 생각합니다. 저녁 시간에도 다음 날에 내야 할 준비물과 과제를 다 챙기기 때문에 해야 할 일들을 완성하는 여유를 보입니다.

초등학교 고학년이 되면 스스로 시간 관리를 할 수 있어야 합니다. 중학생이 되어서 자신의 시간표를 처음으로 관리해 보는 친구들도 보았습니다. 많은 아이들은 학원과 방과 후 수업에서 짜준 스케줄에 따라서 움직이게 되는데요. 이것 때문에 아이들은 수동적으로 행동하게 됩니다. 자신의 시간표를 직접 세워 보지 않기 때문에 자기 시간의 주인이 될 수 없게 됩니다. 아이들이 계획을 세우고 실천하면서부터 자기주도적인 공부를 할 수 있게 됩니다.

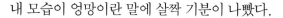

“내가 할머니, 할아버지가 계신 시골로 쫓겨 내려가게 된 건 진후 너랑 같은 초등학교 4학년 여름방학 때였어.”

“쫓겨 내려가요?”

“그래. 그때 나 지금의 네 모습처럼 엉망이었거든.”

내 모습이 엉망이란 말에 살짝 기분이 나빴다.

“해야 할 일은 안중에도 없고, 늘 내가 하고 싶은 일만 하면서 시간을 보냈던 것 같아. 그러니 숙제를 제대로 한 적은 거의 없었고, 성적도 나빴지. 게다가 지각을 밥 먹듯이 하고, 준비물을 빼먹고 학교에 가는 건 헤아릴 수 없을 만큼 많았지.”

형은 어린 시절 학교에서 보내는 시간 외의 대부분의 시간을 친구들과 컴퓨터 게임하는 데만 써 버린 것이 지금 생각하면 아주 부끄럽다고 했다.

“그러다 친구도, 컴퓨터도 없는 시골 할아버지 댁으로 보내졌는데, 일주일 동안은 돌아가겠다고 울고 떼쓰며 시간을 보냈어.”

“그래서 어떻게 됐어요?

나는 어린 시절의 떼쟁이 장훈장이 정말 궁금해졌다.

“우리 할아버지는 무척 엄한 분이셨거든. 할아버지의 잔소리 덕분에 나는 점점 계획표대로 생활하는 일이 익숙해지면서 조금씩 편해지기 시작했어. 그 후 성적도 급상승했지.”

형의 이야기를 듣고 있노라니 나도 빨리 시간 도둑을 잡고 싶었다.

일전에 방학 2주 동안 청학동에서 예절 교육 수업을 받으러 갔던 아이들의 이야기를 들은 적이 있습니다. 아이들은 아침 일찍 기상해서 붓글씨 연습, 사자성어를 외우면서 평소와 다르게 생활을 했습니다. 그런데 아이들은 캠프 생활이 너무 힘들어서 무작정 서울로 올라가려고 캠프장 밖을 벗어나서 선생님과 부모님이 가슴을 쓸어내렸다고 합니다.

습관을 만드는 것은 매우 힘듭니다. 일상의 관성에서 벗어나야 하기 때문입니다. 결국 그것은 부모님과 아이들의 변화하려는 의지가 매우 중요합니다.

"자, 여러분! 이번 과학 퀴즈 대회 우승자는 4학년 1반 홍욱진 군이 차지했습니다."

귀를 찢는 듯한 마이크 소음과 함께 교장 선생님의 목소리가 강당 안에 울려 퍼졌다.

"와!"

아이들의 박수와 환호가 강당을 가득 채웠다.

"그리고 어린이 공룡 화석 발굴단에 들어갈 4학년 어린이는……."

역시 나는 아니었다.

"홍욱진 군과 준우승을 차지한 종진후 군이 동시에 선발되었습니다."

"아!"

나는 너무 놀라 꼼짝도 할 수 없었다. 순간 내 귀가 의심스러웠다.

"어머! 진후야, 너도 갈 수 있대."

도연이가 이렇게 말하는 것을 보니 내 귀가 잘못된 건 아닌 것 같았다.

"여러분, 조금 전에 어린이 공룡 화석 발굴단을 초청한 고성 초등학교로부터 연락을 받았어요. 그래서 4, 5, 6학년에서 각각 두 명씩 총 여섯 명을 보내기로 결정되었습니다."

정신을 가다듬고 보니 어느새 우리반 아이들이 모두 뛰쳐나와 나를 빙 둘러싸고 있었다.

"와! 진후야, 너 정말 멋있어. 네가 해냈어!"

도연이가 환하게 웃으며 말했다.

"진후 별명은 이제 '종 친 후'가 아니라 공룡 박사야!"

아이들이 진심으로 나를 축하해 주고 있었다. 그제야 공룡 화석 발굴단에 뽑혔다는 사실이 서서히 느껴지기 시작했다. 나는 오른손을 번쩍 치켜들고 있는 힘껏 몸을 들어 올렸다.

"이야아아아호!"

공룡 박사 종진후가 아니, 뼈만 남아 있던 공룡 화석이 진짜 공룡이 되어 쥐라기 공원을 달리는 기분이었다.

진후는 퀴즈 대회를 준비하면서 자신만의 시간 계획표를 짜고 그대로 실천하면서 자신의 목표를 이루게 됩니다. 책《습관의 힘》에는 '작은 승리', 즉 작은 목표 달성은 또 다른 작은 승리를 유도한다고 하였습니다. 아이들 작은 목표 달성의 기쁨을 맛보면 새로운 계획을 세우고 또 다른 성취감을 맛볼 수 있습니다.

《데이터가 알려주는 공부의 진실》에서는 아이들에게 인센티브를 줄 때는 결과에 인센티브를 주는 것보다 과정에 주는 인센티브가 더 효과적이라고 합니다. 즉 시험에 100점을 받을 때 주겠다는 인센티브보다는 수학 책 한 권을 끝낼 때 주는 인센티브가 성적 향상에 더 효과적이라는 것인데요. 그 이유는 아이가 목표를 달성하고 싶어도 공부 계획을 세우거나 실행 방법을 모를 수 있기 때문입니다. 진후가 작은 성공을 이루어 낼 수 있었던 이유는 훈장이 형의 도움이 컸습니다. 그는 구체적인 공부 계획을 세우고 습관을 바로 잡을 수 있도록 도와주었기 때문입니다. 진후도 외적 인센티브보다는 자신이 좋아하는 공룡 탐험단에 학교 대표로 나가고 싶은 내적 요인으로 좋은 결과를 만들어 냈습니다.

이렇게 활용해 보세요.

글쓰기 도구 15. 목표 세우기

예측하기 | 시각화하기 | 질문하기 | 차원적사고

부모님들은 아이들이 꿈과 목표가 없다고 걱정하시기도 합니다. 이 장에서는 아이들이 자신의 꿈과 목표를 생각해 볼 수 있도록 그림 차트를 완성해 보겠습니다. 그리고 목표를 이루기 위한 구체적인 습관과 방법을 함께 설정해 보겠습니다. 스티븐 기즈의 《습관의 재발견》에는 지킬 수 없는 '위대한 목표'보다 지킬 수 있는 '사소한 행동', 즉 작은 습관이 당신의 인생을 극적으로 바꾼다고 했습니다. 저도 3가지 작은 습관을 꾸준히 지키면서 6개월을 보내게 되었는데요. 1. 5분 글쓰기, 2. 팔굽혀 펴기 10회, 3. 5분 책읽기였습니다. 처음 한 달은 저의 의지로 작은 습관을 지켰나갔고, 두 번째 달은 힘이 들었지만 카톡 상에 함께 있는 다른 분들에게 부끄럽지 않으려고 습관을 계속 지켜나갔습니다. 그리고 세 번째 달에는 아무 생각 없이도 습관을 지켜가는 모습을 발견했습니다. 그리고 지금까지도 아이들과 함께 습관을 지켜나가고 있습니다.

1. 나의 미래 목표 알아보기

나의 목표를 생각해 보고 이를 이루기 위해서 어떻게 공부를 해야 하는 지를 계획을 세워 보겠습니다.

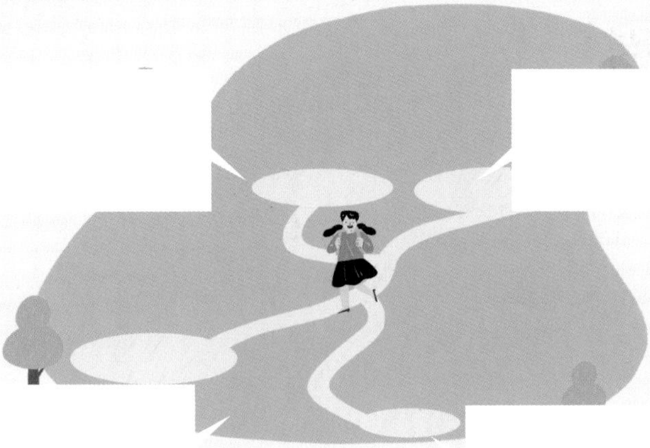

2. 목표를 이루기 위한 습관 노트 작성하기

목표를 이루어 나가기 위해서 작은 습관을 실천해 보겠습니다. 하루에 3가지 작은 습관을 계획하고 매일 지켜나갈 수 있도록 체크합니다.

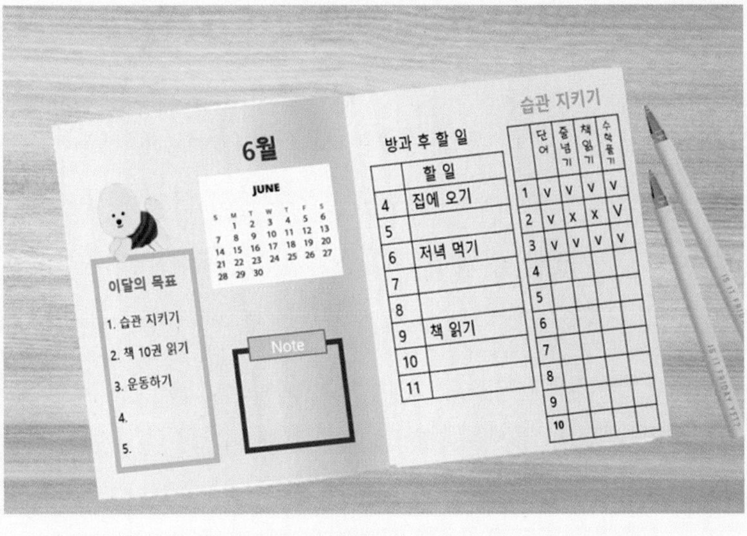

3

숨은 권력, 미디어

책 소개	전문가 분석표
 김재중 글/이경국 그림 미래아이(미래M&B) | 2017년 4월 10일	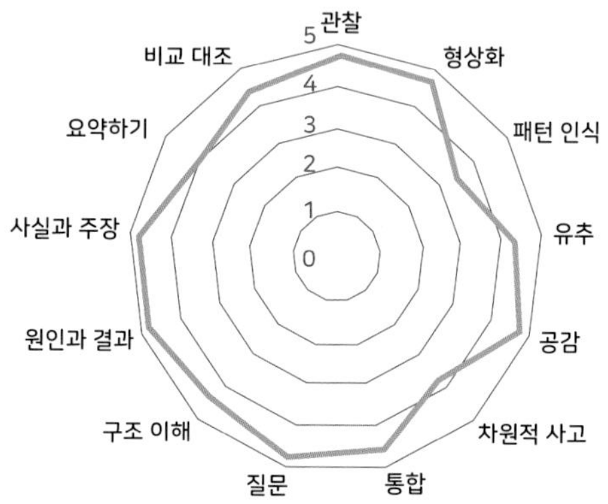

자녀들이 일상에서 부모님과 함께 지내는 시간보다 미디어를 이용하며 지내는 시간이 점점 더 길어지고 있습니다. 부모님들은 자녀들의 미디어 사용에 다양한 통제 장치를 걸어 놓아도 아이들은 더 빠르고 다양한 방법으로 미디어를 사용하고 있습니다. 기술의 발달로 사물인터넷이 정교하게 작동되면 미디어는 우리의 생활 환경을 지배할 것입니다. 따라서 어린이들의 미디어 사용을 막기보다는 미디어를 현명하게 사용하고 미디어가 만들어 내는 다양한 정보를 비판적으로 읽어내는 능력을 길러주어야 합니다.

이 책은 총 6장으로 구성되어 있습니다. 1, 2장에서는 미디어의 특징과 발달에 대해서 알게 됩니다. 사람들은 자신의 생각과 감정을 다른 사람들과 소통하기 위해서 미디어를 발달시켜 왔습니다. 사람들은 언어를 사용해서 동물에 비해 복잡하고 추상적인 내용을 주고받습니다. 문자가 발명됨에 따라 지식의 축척이 가능해졌습니다. 그리고 신문과 잡지의 발달로 대중 매체 시대가 열리게 되었고, 라디오와 TV는 시청각 정보를 많은 사람에게 생동감 있게 전달하게 되었습니다. 3장 미디어와 우리 사회에서는 뉴스가 만들어 지는 과정과 뉴스를 보는 관점의 중요성에 대해서 강조하고 있습니다. 그리고 미디어가 정치, 경제, 사회, 문화에 미치는 영향력에 관해 국내외의 사건들을 중심으로 설명해 나갑니다. 4장에서는 뉴미디어의 특징에 대해 다각도로 분석하고 있습니다. 5, 6장에서는 미디어의 지혜로운 활용 방법에 관해 구체적 방안을 제시하고 있습니다. 중요 정보와 중요하지 않은 정보를 구별하는 방법, 온라인 소통 예절, 사이버 폭력 등의 주제로 미디어를 올바르게 사용하기 위해서 주의해야 할 점을 일깨워줍니다. 이 책은 어린이들이 미디어를 비판적으로 보고 현명하게 이용할 수 있도록 새로운 시각을 길러 주는 책입니다.

이 책을 선정한 이유는 무엇인가요?

국어 6-1-3 〈짜임새 있게 구성해요〉에서는 발표할 주제에 따라 다양한 매체를 사용하여 발표합니다. 5-1가 글쓴이의 주장 단원에서는 〈불법 다운로드, 우리의 양심도 사라집니다〉라는 광고 매체, 〈글을 쓸 때에도 지켜야 할 윤리가 있다〉, 〈학교 안에서 스마트폰 사용이 필요한가〉라는 주장하는 글쓰기에서 매체 사용 윤리에 대해서 배울 수 있습니다. 2015년 개정 교육 과정 6개의 핵심 역량 요소에는 자기 관리 역량, 지식 정보 처리 역량, 창의적 사고 역량, 심미적 감성 역량, 의사소통 역량, 공동체 역량을 강조하고 있습니다. 그중 지식 정보 처리 역량은 미디어 교육과 관계가 깊습니다. 지식 정보 처리 역량의 세부적인 교육 목표는 논리적, 비판적 사고를 통해 문제를 인식하고, 정보 수집 활동 등을 통한 문제 해결 방안을 탐색하고 실행하며 매체 활용 능력을 키우는데 중심을 두고 있습니다.

초등 교과서 구성 내용과 오픈 수업을 통해서 학교에서 수업하는 활동을 보면 선생님과 아이들이 미디어를 충분하게 활용하여 수업을 진행하고 있습니다. 선생님께서는 TV와 스크린을 통해 미디어를 효과적으로 수업시간에 사용하고, 아이들 또한 수업 시간에 발표하면서 영상, 소리를 이용해서 미디어를 잘 활용하고 있었습니다. 또한, 아이들은 UCC를 이용해서 과제를 완성하기도 하고 프로젝트를 편집하는 능력은 저보다 뛰어났습니다. 하지만 미디어가 만들어 내는 정보에 관해 객관적으로 분석하고 의미를 파악하는 수업은 부족한 것이 현실입니다. 저는 이 책을 3가지 이유에서 추천하겠습니다.

첫째, 미디어의 본질과 기능에 대해서 이해하게 됩니다. 사람들은 기본적으로 다른 사람들과 생각과 감정을 교류하고 싶어 합니다. 또한, 나와 다른 세상에는 어떤 일들이 일어나고 있는지 알고자 하는 욕구도 있습니다. 미디어는 사람들이 알고 싶어 하는 정보와 메시지를 전달해 주는 도구입니다. 어느 날 2학년 아이들과 수업했던 장면을 인스타그램에 올렸는데, 그 사진을 보고 스페인과 미국에서 하트를 받게 되었습니다. 저도 얼른 그분들의 인스타로 들어가서 흥미 있는 사진들에 대해서 하트를 꾹 누르게 되었습니다. 현대 사회의 스마트 미디어는 국가와 언어의 장벽을 다 허물고 마음이 통하는 사람들끼리 소통할 수 있도록 연결시켜 줍니다. 기술 혁신으로 앞으로 우리가 만나게 될 새로운 미디어는 지금과 형태는 다를지 몰라도 사람들의 소통을 담당하는 미디어의 본질과 기능은 변하지 않을 것입니다.

둘째, 미디어 리터러시 교육의 출발점이 됩니다. 리터러시란 언어를 읽고 쓰는 능력을 말합니다. 미디어 리터러시 교육의 목표는 정보의 홍수 속에서 미디어를 비판적으로 이해하고 능동적으로 이용할 수 있는 능력을 키우는 것입니다. 미디어 리터러시 교육은 미국, 캐나다, 영국 등 여러 나라에서는 교과 과정으로 채택되어 있습니다. 디지털 네이티브로 태어난 우리의 아이들은 미디어 활용 능력이 부모님 세대보다 훨씬 더 뛰어납니다. 하지만 많은 미디어와 광고는 상업적 목적을 가지고 있기 때문에 어린이 스스로 미디어를 판단하는 능력을 키우기란 쉽지 않습니다. 이 책을 통해서 미디어 안에 담긴 의미와 메시지를 이해할 수 있고, 미디어를 생산하고 소비할 때 필요한 윤리도 함께 배워 나갈 수 있습니다.

셋째, 미디어가 권력이 될 수 있다는 것을 알게 됩니다. 뉴스를 보도하는 기자들은 반드시 정치 권력자와 이익 집단의 권력에 대해 독립적으로 감시하는 역할을 해야 합니다. 하지만 특정 정치 권력자나 이익 집단들이 미디어를 조정해서 여론을 형성하고 통제해 가기도 합니다. 뉴미디어의 발달로 누구나 언제든지 뉴스를 생산할 수 있는 환경에서는 TV, 신문, 라디오와 같은 전통 미디어의 영향력이 축소되었습니다. 스스로 편집자가 되고 기자가 될 수 있다는 점에서 뉴스를 제작할 때 객관성과 공정성을 갖춰야 한다는 것도 이 책에서는 강조하고 있습니다. 어린이들도 직접 영상을 제작하고 인터넷상에 올리기도 하기 때문에 생산자로서의 책임과 윤리를 가르쳐야 합니다. 어린이들에게 사생활 침해나 저작권 보호에 대한 교육 없이 영상을 기술적으로 편집하는 것을 가르치는 일은 위험하다고 생각합니다.

책 속으로 (베스트 pick 3)

뉴스는 객관적이고 공정해야 하지만 100% 객관적으로 사실을 전달한다는 것이 과연 가능할까요? 뉴스는 아무리 사소한 것이라도 만드는 사람의 생각과 해석이 담겨 있어요. 뉴스가 어떤 관점에서 만들어졌는가도 중요해요. 노란 색안경을 쓰고 바라보면 세상이 온통 노란색으로 보이고, 빨간 색안경을 쓰고 바라보면 온통 빨간색으로 보이지요? 뉴스의 관점은 우리가 어떤 색안경을 쓰고 세상을 보는가와 비슷해요.

뉴스의 관점은 밀가루 반죽을 어떤 틀에 넣어서 모양을 만드는가와도 비슷해요. 밀가루 반죽을 동그란 틀에 넣고 누르면 동그란 모양, 네모난 틀에 넣고 누르면 네모난 모양이 나오는 것과 마찬가지 원리지요, 그래서 뉴스의 관점은 영어로 '틀'이라는 뜻인 '프레임(frame)'이라고 부르기도 해요.

프레임이란 세상을 바라보는 구조화된 정신적 체계를 뜻합니다. 세상을 어떤 틀에 담에서 보여 주느냐에 따라 진실이 다르게 보이기도 합니다. 아이들과 토론 현장에서 느끼는 바이지만, 어린이들의 정치적 성향이 상당히 뚜렷하다는 것을 알 수 있습니다. 아이들에게 흑백논리로 생각하지 말고 먼저 상대방의 의견을 경청한 후 논리적으로 설득하도록 수업을 진행하고 있습니다. 어린이들에게 프레임에 대해 설명할 때 자신은 어떤 색깔로 세상을 바라보는지에 대해서 색깔 안경을 만들어 보는 활동을 해 볼 수 있습니다. 먼저 빨간색, 노란색, 초록색, 파란색, 하얀색, 검은색의 셀로판지와 종이 안경테를 준비합니다. 그리고 빨간색은 감정과 직관, 초록색은 창의성과 새로운 아이디어, 노란색은 긍정과 희망, 파란색은 냉철함과 계획, 하얀색은 중립과 객관성, 검정은 신중하고 조심스러움을 나타낸다고 알려 준 후, 자신이 어떤 관점으로 세상을 바라보는지 셀로판지를 붙여서 안경을 만들어 보라고 하였습니다. 그 후 자신이 만든 안경을 쓰고 자신이 세상을 바라보는 관점에 대해서 발표를 하고, 친구들의 발표도 들어 보았습니다. 발표를 들어보면서 나와 친구들이 더 중요하게 생각하는 가치는 다른 것을 이해하게 됩니다. 한 아이는 6가지 색을 다 이어 붙여진 무지개색 안경을 쓰면서 세상을 다양한 관점으로 보고 싶다고 하였습니다.

화려한 동영상과 음악을 동원한 뉴미디어는 사람의 눈과 귀를 잡아끄는 특성이 있어요. 박진감 넘치는 게임은 그 자체로 재미를 즐기도록 만들어졌어요. 계속 즐기고 싶은 생각이 드는 것은 당연하지요. 그렇다고 미디어를 한도 끝도 없이 붙잡고 있으면 어떻게 될까요?

2002년, 20대 남성이 86시간 동안 쉬지 않고 인터넷 게임을 하다가 숨지는 사건이 일어나 사람들을 놀라게 했어요. 이 남성은 PC방에서 인터넷 게임을 시작한 다음 사흘이 넘도록 잠도 자지 않고 컵라면을 먹으며 게임만 하다가 갑자기 쓰러져 숨을 거두었답니다. 인터넷 게임에 중독됐던 거예요. 중독은 어떤 대상에 과도하게 몰입하거나 집착하고, 통제력을 상실한 상태를 말해요. 어떤 것에 중독된 사람은 자신은 물론 주위 사람들에게 나쁜 영향을 미치지만, 그런 행동을 스스로 그만두지 못해요.

common sense media

common sense 미디어는 영화, TV 및 기타 디지털 미디어가 어린이의 건강에 중요한 영향을 미치고 또한 어린이들의 미디어 사용 시간이 너무 길다는 것을 어른들이 인식하게 되면서 설립되었습니다. 이 단체는 미디어를 '또 다른 부모'로 규정하면서 어린이들이 건강하고 바르게 미디어를 사용할 수 있도록 설립된 미국의 비영리 재단입니다.

여기서 제시하는 자녀들이 미디어와 삶의 균형을 잡을 수 있는 5가지 방법을 말씀드리겠습니다.

1. 화면을 보지 않는 시간과 영역을 만듭니다.

취침 시간, 공부 시간, 저녁 식사 시간에 각종 화면을 들여다보지 않는 시간을 갖도록 도와주세요. 또한, 온 가족이 각종 기기를 아예 보지 않거나, 아니면 가족끼리 같이 보내는 시간을 갖도록 노력합니다.

2. 내장된 디지털 제어 도구를 살펴보십시오.

자녀와 함께 기기와 앱의 기능을 확인하여 보다 의도적으로 사용 시간을 제어할 수 있도록 도와줍니다. 자동 재생 기능을 끄고, 특정 앱의 알림을 제한하고, 매일 밤 지정된 시간에 장치를 끄는 설정 등을 사용해 보세요.

3. 자녀들에게 직접 디지털 기기 사용의 모범을 보여 주세요.

10대는 강의를 듣는 것보다 부모의 행동에서 더 많은 것을 배웁니다. 부모님께서는 자신의 미디어 사용 습관을 돌아보고 자녀가 배우지 않았으면 하는 부분이 있다면 부모님께서 모범을 보여 주세요. commonsense media 설문 조사에 따르면 부모님도 자녀가 지나치게 디지털 기기를 사용한다고 생각하지만, 자녀들도 자신의 부모님들 역시 디지털 기기를 많이 사용한다고 답했습니다.

4. 자녀에게 건강한 행동이 무엇인지 알도록 도와줍니다.

자녀들에게 미디어 화면을 보면서 신체와 정신이 느끼는 감정에 대해 물어봅니다. 스마트폰이 울리면 어떤 마음이 드는지, 친구들의 페이스북을 보면 어떤 생각이 드는지, 친구들과 문자 메시지를 주고받으면서 기분이 상했던 적은 없는지를 질문해 보세요. 자녀의 긍정적인 미디어 사용은 장려하고 악성 댓글을 쓰거나 무분별하게 미디어를 사용하는 점은 설득해서 변화할 수 있도록 격려합니다.

5. 기술력을 가진 회사들이 어떻게 돈을 버는지 이해하도록 해 주세요.

자녀와 함께 디지털 장치, 소셜미디어 플랫폼, 앱 및 게임 회사가 돈을 버는 방법을 조사해 보세요. 광고를 띄워서 수익을 올리는지, 아니면 아이들의 데이터를 판매하는지, 왜 아이들이 자신들의 플랫폼에서 더 많은 시간을 보내게 하는지 함께 이야기를 나눠 보세요. 실제로 많은 플랫폼 회사들은 아이들이 소비 패턴, 기호, 정보를 데이터화하고 있습니다. 이것을 이용해서 마케팅과 물건 판매의 기회를 만들고 있습니다. 따라서 우리가 사용하는 플랫폼은 공짜로 사용하는 것이 아니라, 우리의 정보를 무료로 주면서 사용하고 있다는 것도 인식할 수 있도록 해 주세요.

Collapse video details
Highlights the importance of copyright. A young writer talks about posting her original manuscripts online and protecting that work from theft or misuse.
Click here for the related lessons, "A Creator's Rights" and "Whose Is It, Anyway? (3-5)"
Video Discussion Guide
PROTECT YOUR OWN WORK
-1:35

우리는 정보를 수집할 때 여러 단계를 거칩니다. 먼저 높은 산에 올라가 아래를 내려다보며 전체적인 모양새를 가늠하는 '훑어보기'가 필요해요. 이렇게 정보를 빠르게 훑어보다가 관심이 가는 내용이 나오면 한 단락 정도를 읽어 봅니다. 별로 흥미가 없거나 자신이 원했던 내용이 아니라면 전체를 계속 읽기보다는 훑어보기로 돌아가요. 다시 관심이 가는 내용이 나오면 역시 한 단락 정도를 읽어 봅니다. 이렇게 해서 좀 자세히 알아봐야겠다는 대상을 찾으면 바닷속 깊숙이 잠수를 하듯 집중해서 읽어 나가는 것이 마지막 단계예요. 연관된 다른 문서나 동영상, 사진이나 뉴스 등을 보면서 관련 지식을 확장해 나가면 이해를 더욱 높일 수 있지요.

마지막으로 인터넷과 스마트 미디어를 통해 뉴스와 정보를 접할 때 가장 주의해야 할 점은 종합적으로 판단하는 능력을 길러야 한다는 것이에요. 인터넷 검색 기술을 통해 내가 보고 싶은 정보만 접하다 보면 오히려 시야가 좁아질 위험이 있다는 것이지요. 따라서 전적으로 인터넷에만 의존하기보다는 책과 신문 등의 전통 미디어를 함께 읽으면서 종합적이고 비판적인 시각을 갖도록 노력하는 것이 좋아요.

인터넷은 온라인으로 연결된 하이퍼 미디어입니다. 하이퍼 텍스트라는 것은 글 내용과 연관된 사진, 영상, 소리가 함께 링크로 연결되어 있습니다. 우리가 책을 읽을 때 마지막 페이지를 읽으면 끝이 나지만 하이퍼 텍스트는 끝이 나지 않는 구조이기 때문에 시간은 무한정 흘러갑니다.

《90년대생이 온다》에서 저자는 요즘 사람들은 웹 사이트를 빠르게 훑어보는 아이트레킹 형태가 'F자 형태'를 보인다는 제이콥 닐슨의 연구를 소개했는데요. 이는 웹상에서 제목 읽고 중간 내용은 대충 읽고, 댓글을 보고 반응하는 형태를 띠게 됩니다. 일상 생활에서 아이들은 로그온 상태에서 있게 되는데요. 요즘 아이들은 음악을 듣고, 친구가 보낸 메시지에 답하고, 인터넷 강의도 들으면서 공부하는 멀티 태스킹(multi tasking) 능력이 뛰어나다고 하지만, 실은 그만큼 주의 집중력이 떨어져서 몰입하는 경험도 적어지게 됩니다.

토론을 할 때 아이들이 준비해 오는 자료들은 인터넷상에서 다운을 받아서 가지고 오는데요. 이때 중요한 점은 자료의 출처나 근처 자료의 신뢰도를 살펴보고 자료도 꼼꼼하게 읽어 와야 하지만, 토론 실제 현장에서는 자료의 의미를 파악하지 못해서 곤란해하기도 합니다. 아이들이 공부를 할 때 미디어 사용을 규제하고 사색하고 몰입하는 시간을 가질 수 있도록 부모님께서 도와주어야 합니다.

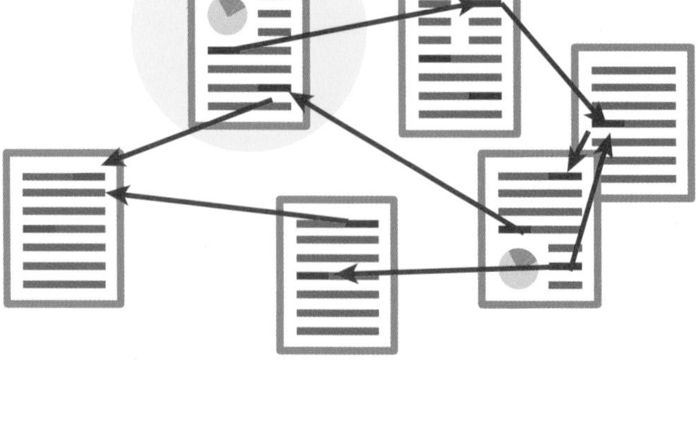

이렇게 활용해 보세요.

글쓰기 도구 11. 유튜브 채널 분석하기 - 3개의 소재가 다른 채널 분석하기

비교와 대조 | 작가의도 | 분석하기 | 배경지식

미디어가 생산하는 정보가 넘쳐나는 사회에서 미디어 리터러시의 필요성이 점점 더 증가하고 있습니다. 미디어를 비판적으로 보게 되면 사고력과 창의력을 함께 기를 수 있습니다. 현대인의 미디어 사용 시간을 보면, TV를 시청하는 시간보다는 스마트폰을 통해서 유튜브를 시청하는 시간이 점점 더 길어지고 있습니다. 그에 따라 유튜브 크리에이터가 아이들에게 미치는 영향도 크고, 유튜브 크리에이터가 되고 싶다고 하는 아이들도 많습니다. 이번 시간에는 아이들이 즐겨 보는 유튜브 채널에 대해서 수용자와 창작자, 메시지에 담긴 의미, 정보의 사실성과 맥락을 중심으로 분석해 보는 시간을 가져 보겠습니다. 그 후 자신이 만들 수 있는 채널을 기획해서 만들어 보는 활동을 해 보겠습니다.

1. 유튜브 채널 분석

<table>
<tr><th>채널</th><th colspan="2">특징</th></tr>
<tr><td rowspan="2">
</td><td rowspan="2">독자
작가</td><td>• 누가 이 채널의 구독자인가?</td></tr>
<tr><td>• 이 채널을 만든 목적은 무엇인가?
• 나는 이 채널을 왜 보는가?
• 이 채널을 보고 어떤 행동 참여를 유도하나?</td></tr>
<tr><td rowspan="3">
</td><td rowspan="3">메시지의
의미</td><td>• 무엇에 관한 콘텐츠인가?
• 어떤 메시지는 부족한가?</td></tr>
<tr><td>• 어떤 기술이 사용되나?
• 왜 이 기술들이 사용되나?</td></tr>
<tr><td>• 이 채널을 어떻게 이해하게 되나?</td></tr>
<tr><td rowspan="2">
</td><td rowspan="2">상황 맥락
사실성</td><td>• 언제 이 채널이 만들어지고 채널을 찍는 장소는 어디인가?</td></tr>
<tr><td>• 이 채널의 사실과 의견은 무엇인가?
• 이 채널은 어느 정도로 신뢰성이 있나?
(그렇게 믿는 이유는 무엇인가?)
• 자료, 아이디어, 근거들의 출처는 무엇인가?</td></tr>
</table>

2. 유튜브 채널 기획안

채널명					
채널 설명					
장르	영화 리뷰	게임	음악	책 리뷰	운동
	공부	뉴스	패션	맛집	여행
채널 특징					
추구 가치	즐거움		정보		감동
예상 독자	1개월 : 명, 3개월: 명, 6개월: 명				
업로드 횟수			촬영 방법	직접 촬영/ 브이로그	
주요 콘텐츠					

4

열하일기

책 소개

이명애 지음/안창숙 옮김/안창숙 그림
파란자전거 | 2004년 6월 5일

전문가 분석표

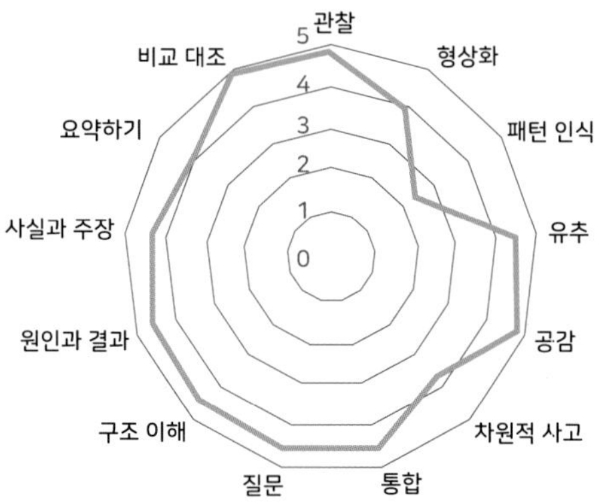

코로나 19가 발생하기 이전에는 어린이들이 가족과 함께 다양한 곳으로 여행을 갔던 기억이 납니다. 그만큼 기행문의 소재도 다양해졌습니다. 여행을 다녀와서 보고 겪고 느낀 일들을 중심으로 쓴 글은 기행문이 됩니다. 어른들을 위한 여행 에세이는 많지만 어린이들을 위한 기행문 책을 골라 주기가 쉽지 않습니다. 이 책은 조선 후기 실학자 박지원이 쓴 《열하일기》를 어린이들이 쉽게 이해할 수 있도록 만들어진 책입니다. 《열하일기》는 박지원이 청나라 황제의 생일 축하를 위해 파견된 사절단의 일행으로 북중국과 만주, 황제의 피서지인 열하를 다녀온 뒤 쓴 기행문입니다. 《열하일기》는 모두 26권으로 구성이 방대합니다. 1~8권은 여행 도중 겪은 일을 날짜별로 기록하였고, 9권에서 26권은 열하에서 들은 이야기나 생각, 학자들과 필담을 나누면서 알게 된 내용 등을 세부적으로 분류해서 적었습니다.

어린이를 위한 열하일기 제1부는《열하일기》를 읽기 전에 알아야 내용들이 정리되어 있습니다.《열하일기》라는 작품이 주는 가치와 의미에 대해서 알 수 있고, 실학자 박지원이라는 인물에 대해서 재조명해 봅니다. 그리고 박지원과 교류하며 북학파를 형성했던 홍대용, 박제가, 유득공의 사상에 대해서도 이해하게 됩니다. 또한, 박지원이 썼던 새로운 문체와 그에 반해서 정조가 이끌었던 문체반정에 관한 숨은 뜻을 찾게 됩니다. 박지원은 백성들의 실제 생활에 도움이 되는 학문을 강조했고 그의 사상은 손자 박규수에 의해 개화 사상으로 이어졌습니다. 본격적으로 제2부에서는《열하일기》중 몇 편을 엮은 책으로 그 안에서는〈호질〉과〈허생전〉의 내용도 함께 읽어 볼 수 있도록 구성되어 있습니다. 책에는 박지원이 열하로 이동한 지도와 당시 청나라의 모습을 담은 그림도 자세히 나타냈습니다. 이 책을 통해 탁월한 문장가인 박지원의 기행문과 그의 사상에 대해 깊이 있게 알게 될 것입니다.

이 책을 선정한 이유는 무엇인가요?

국어 5-1-나-7〈기행문을 써요〉에서는 유홍준의《여행자를 위한 나의 문화유산 답사기 2》중〈돌하르방 어디 감수광〉이라는 글이 예시로 나와 있습니다. 이 책은 852페이지이기 때문에 어린이들이 다 읽어 보기는 힘들어했습니다. 교과서에는 예시 통해 기행문의 특성을 파악하고 어린이들도 실제로 기행문을 써보게 됩니다. 기행문에서 여행의 과정이나 일정을 여정이라고 합니다. 그리고 여행하며 보거나 들은 것은 견문이라고 합니다. 여행하며 든 생각이나 느낌을 감상이라고 합니다. 기행문은 여정을 적고, 여행으로 얻은 견문과 감상을 쓴 글입니다. 기행문을 쓸 때는 다양한 기행문을 많이 읽어 보고 감상한 후 직접 써 보는 것이 도움이 됩니다. 어린이들이 기행문을 쓰는데 좋은 자료가 되는 기행문《열하일기》를 3가지 이유로 추천합니다.

첫째, 박지원은 청나라를 직접 보고 싶어 했고 이를 위해 자료를 철저히 준비했습니다. 박지원은 당시 북학파라 불리는 박제가, 홍대용, 유득공, 이덕무 같은 학자들과 교류하면서 청나라의 발달된 문물과 문화에 대해서 많이 알고 있었습니다. 박지원은 청나라에 관한 관심도가 높았습니다. 이런 박지원에게 왕의 사신단 일행으로 직접 가볼 수 있는 기회가 생긴 것입니다. 박지원은 청나라를 여행하면서 우리 조상들의 모습을 떠올립니다. 그는 당태종의 눈을 활로 맞힌 양만춘 장군의 이야기가 깃든 안시성, 고구려의 수도였던 국내성 그리고 소현세자가 청나라의 인질로 잡혀가 생활한 곳을 직접 밟으면서 깊은 감회에 잠깁니다. 또한, 청나라의 발달된 성곽과 도로, 벽돌, 수레의 모습을 세심하게 관찰해서 기록하여 조선에 전했습니다. 그는 청나라에서 보고 들은 많은 자료를 수집하고 이것을 다시 편집해서 3여 년 만에 글을 완성했습니다. '기회는 준비된 자에게 온다'라는 말처럼 박지원은 청나라를 직접 여행한 기행문을 쓰면서 자신이 평소에 가지고 있던 실학사상을 책에 담아 당대뿐만 아니라 후세에 영원히 남을 명작을 완성했습니다.

둘째, 기행문 곳곳에서 박지원 특유의 문체를 만날 볼 수 있게 됩니다. 정조는 선비들이 고전 최고의 학문인 성리학의 가치를 따르지 않고 소설체로 불리는 이상한 문체를 유행처럼 쓰자 선비들의 정신이 타락해 간다고 여기고 이를 바로 잡으려고 했습니다. 박지원의 글은 고전의 딱딱한 문체와는 달리 사물을 독창적으로 바라보는 비유적 표현을 많이 쓰고 사물을 생동감 있게 묘사하며 살아 있는 대화를 집어넣었습니다. 과거 시험에서도 박지원이 쓴 문체가 나타나고 또 벼슬자리에 있는 신하들도 이런 문체로 상소를 올린 경우, 정조는 그 신하들에게 반성문을 쓰게 하였습니다. 하지만 박지원의 《열하일기》는 히트작이었고, 많은 선비는 그 글을 필사했습니다. 한편에서는 소설을 못 읽게 하고, 한편에서는 소설을 숨겨가면서 읽고 그 문체를 따라서 썼지만 그 당시 조선 시대에 새로운 문체와 자유로운 생각에 관한 흐름은 거역할 수 없었던 것 같습니다. 그 시대에 박지원의 문체는 금지된 문체였지만, 현재 그 누가 《열하일기》를 고전이 아니라고 할 수 있을까요?

셋째, 유머러스하고 네트워킹의 달인인 박지원의 진면모를 만날 수 있습니다. 시간에 맞춰 황제에게 도달하지 않으면 안 되는 사신단의 긴박한 상황 속에서도 박지원의 유머 감각은 책 곳곳에 드러납니다. 또한, 청나라 사람들과 필담을 나누며 그들의 생각을 함께 읽어내는 박지원의 사교성도 볼 수 있습니다. 열하일기 안에 소개된 《호질》, 《허생전》 두 작품은 박지원의 단편집에서도 쉽게 접할 수 있는 인기있는 작품들입니다. 두 작품은 박지원 특유의 인간성과 관찰력이 있지 않으면 살아나기 힘든 소설이었습니다. 어려운 역경 속에서도 함께 간 하인들에게 농담을 걸거나, 청나라 사람들에게도 웃음을 선사하면서도 날카롭게 질문하는 능력은 글을 읽는 사람들의 배꼽을 잡고 웃게 만듭니다.

책 속으로 (베스트 pick 3)

'김부식은 《삼국사기》를 지으면서 중국을 부끄럽지 않게 하려고 우리나라에 전해 오는 이 자랑스러운 이야기는 빼버렸으니 참으로 한탄할 일이로다.'

성을 쌓는 공사가 매우 어려워 보였는데 여러 가지 기계를 사용해 효율적으로 일을 하고 있었다. 높은 곳에 기계를 세우고, 이 기계를 움직여 벽돌을 나르거나 흙을 실어 날랐다.

'어느 것 하나 본받지 않을 것이 없구나. 어서 우리나라도 이러한 기술을 배워서 편리하게 이용해야 할 텐데……'

일행은 점심을 먹은 뒤 곧장 출발했다. 한낮이라 불볕이 내리쬐어서 숨이 막힐 지경이었다. 나와 앞서거니 뒤서거니 가던 정진사에게 말을 걸었다.

"성을 쌓는 방법에 대해 어떻게 생각하나?"

"제 생각엔 벽돌보다 돌이 더 나은 것 같습니다."

"그것은 자네가 잘 모르는 소리네. 우리나라에서 성을 쌓을 때 돌만 쓰는 것은 잘못이네. 돌은 산에서 석수쟁이가 쪼개야 하고, 다시 수레로 운반해야 하며, 또 깎고 다듬어야 하네. 그뿐인가? 그러나 벽돌은 찍는 틀로 찍어내므로 만 개의 벽돌이 똑같아서 깎을 필요가 없네. 또한, 나르기도 가볍고 쌓기도 쉬우니 어찌 돌보다 못할 수가 있겠는가?"

"하지만 벽돌이 어찌 돌보다 단단하겠습니까?"

하고 정진사가 지지 않고 따졌다.

"어허! 어찌 자네는 하나만 알고 둘은 모르는가? 석회는 돌에는 잘 붙지 않지만, 벽돌엔 잘 붙으니 하나로 뭉쳐 튼튼한 성을 이룬다네. 어찌 돌 한 개의 단단함이 벽돌 만 개의 단단함과 비교가 된단 말인가?"

흥분해서 이야기하다가 옆을 보니 정진사는 말 등에서 꼬부라져 졸고 있었다. 나는 기가 막혀서 부채로 옆구리를 쿡 질렀다.

"제가 눈만 감았을 뿐 이야기는 다 들었습니다. 아무리 그래도 벽돌이 돌만 못하고, 돌은 잠만 못합니다."

하면서 능청을 부리기에, 한바탕 웃고 말았다. 오늘은 70리를 걸어 송참에서 노숙을 했다.

벽돌을 써서 건물을 짓는 청나라의 건축 기술을 유심히 보고 이를 조선에 전하려는 박지원의 실용후생적인 생각이 잘 나타나는 장면입니다. 박지원과 함께 열하에 간 일행은 청나라인의 변발한 외모만을 보면서 그들을 낮추어 봅니다. 청나라에는 당시 서양인의 기술과 문물을 많이 접할 수 있던 곳이었습니다. 《열하일기》에서 박지원이 청나라의 발달된 기술과 제도를 조선에 알리기 위해 다양한 작업을 가합니다. 날카로운 시선과 정확한 자로 조선 사회와 청나라를 비교하고 평가했습니다. 박지원은 여행을 하다가 시원하게 불어오는 바람 같은 풍경들은 멋진 비유로 표현했습니다. 《열하일기》는 사람의 생각과 감정을 뒤흔드는 매력적인 여행기입니다.

저녁에 옥전현에 도착했다. 정진사와 한 상점에 들어가 구경하는데 한쪽 벽면에 작은 글씨가 촘촘하게 쓰여진 거친 종이가 걸려 있었다. 글씨가 정교하고 아름다워 읽어 보니 매우 흥미 있는 이야기였다. 그래서 주인에게 물었다.

"혹시 주인 어른께서 이 글을 지으신 겁니까? 제가 베껴가도 되겠습니까?"

"저는 글 한 줄도 모릅니다. 저는 오래전부터 부처님을 섬기기 때문에 거짓말은 하지 않습니다. 그것은 며칠 전, 장에서 사온 겁니다. 원하시면 베껴 가시지요. 그런데 그걸 베껴서 선생은 무얼 하시려고 그러십니까?"

"우리나라에 돌아가서 사람들에게 읽혀서 허리를 잡고 한바탕 웃게 하려고 그럽니다. 아마 이걸 읽는다면 웃느라고 입안에 든 밥알이 벌처럼 날아갈 것이고, 아무리 튼튼한 갓끈도 썩은 새끼줄처럼 끊어질 것입니다."

나는 처음 부분부터 베끼고, 정진사는 중간부터 베끼게 했다. 숙소로 돌아와 살펴보니 정진사가 베낀 부분이 빠진 글자나 틀린 글자가 많아 뜻이 이어지질 않았다. 그래서 내가 뜻을 맞추고 보충해서 한 편의 이야기를 만들었다.

호질(호랑이의 꾸짖음)

어느 날 호랑이가 귀신들을 불렀다.

"해가 저물었는데 어디 가면 먹을 것을 구할 수 있겠느냐?"

그러자 이올이 말했다.

"동쪽 문에 먹을 것이 있는데 '의원'입니다. 백 가지 풀을 먹어서 향기가 납니다. 또 서쪽 문에도 먹을 것이 있는데 '무당'입니다. 백 가지 신에게 잘 보이려고 날마다 목욕해서 깨끗합니다."

호랑이가 화난 표정으로 수염을 꼿꼿이 세우며 말했다.

"의원이란 잘 모르는 약초를 시험해서 수많은 사람을 죽이는 의심스런 놈이다. 무당은 신을 속이고 백성들을 홀려서 죽이고 있다. 그렇게 죽은 사람들의 원한이 두 놈의 뼛속에 들어가 독이 되었을 테니 먹을 수가 없다."

그러자 죽혼이 말했다.

"숲속에 먹을 것이 있습니다. 그놈은 어질고 충성스럽고 순결한 마음을 지니고 있습니다. 음악을 읽히고 예를 지킵니다. '유학자'라고 하옵니다.

이 말을 들은 호랑이는 만족하게 웃으면서

"군침이 도는구나. 자세하게 말해 봐라."

호질은 《열하일기》의 〈관내정사〉 중에서 나오는 이야기입니다. 박지원이 이렇게 재밌게 이야기를 만들 수 있는 데는 다 이유가 있는 듯합니다. 그는 평소 다양한 학자들과 교류하면서 대화를 나눴습니다. 그는 어린 시절에 글자를 늦게 익힌 탓에 하인들의 이야기를 듣는 것을 좋아했습니다. 박지원의 스승은 박지원에게 역사 공부를 스토리텔링을 하면서 가르쳤더니 잘 배웠다고 합니다. 저도 책을 잘 안 읽는 아이들에게 "정민아 책은 읽기 싫고 선생님이 내용을 들려주면 그건 재밌어 하는 거 같은데, 딱 어린 시절의 박지원 닮았구나." 그러면 "박지원이 누구에요?" 하면서 물어봅니다. 그러면 아이들은 박지원에 대해 알려주려는 저의 의도적인 질문에 딱 걸려든 것입니다. 그러면 박지원이 쓴 소설 《허생전》, 《양반전》 이야기도 해 주고 실학자인 그에 대해서 알려줍니다. 그리고 그가 어떻게 글을 읽게 되고 즐겁게 공부를 하게 되었는지 함께 이야기를 해주면 아이들은 귀를 귀울이며 재밌게 듣습니다.

멀리 보이는 봉황산은 마치 손바닥 위에 손가락을 세운 모양 같기도 하고, 연꽃 봉오리가 반쯤 피어난 모습 같기도 했다. 하늘에 떠 있는 신기한 모양의 구름이 너무 아름다워 말로 표현할 수가 없었다. 하지만 봉황산이 제아무리 빼어나도 빛깔이 한양의 산만 못했다.

목책에서 약간 떨어진 곳에 천막을 치고 아침밥을 먹었다. 그런데 짐을 정돈하다 보니 열쇠가 없었다. 나는 장복을 불러 호통을 쳤다.

"네놈이 조심하지 않고 한눈을 팔더니 겨우 책문에 도착했는데 이런 일이 생겼구나, 앞으로 2천 리를 더 가서 연경에 도착할 때쯤이면 네 오장이나 남아 있겠느냐? 소문에 듣자니 이곳은 좀도둑이 많아서 한눈 팔다가는 잃어버릴지 모르니 조심하여라."

그랬더니 멍청한 장복이 놈 말하길

"네, 나으리. 이제부터 구경할 땐 제 눈을 못 빼가도록 두 손으로 눈을 꼭 잡고 있겠습니다."

하니 난 어이가 없어서 웃고 말았다. 장복이란 놈이 아직 나이 어리고 눈치도 없어서 일행이 장난을 걸고 놀려댄다. 그런 녀석을 데리고 먼 길을 갈 생각을 하니 막막하다. 책문 안에 있는 집들은 대들보가 높이 솟아 있고, 네거리는 쭉 뻗어 있다. 담은 모두 벽돌로 쌓았고 사람을 태운 수레와 물건을 실은 수레가 북적거렸다. 길거리에 벌여 놓은 그릇은 그림을 그려 넣은 자기들이다. 책문은 어디로 보나 시골티가 나지 않았다.

'고작 중국 동쪽 변두리가 이 정도라면 연경은 얼마나 변화하고 발달했을까?'

얼굴이 화끈거리면서 고국으로 되돌아가고 싶은 생각이 들었다.

'이것은 시기하는 마음이야. 내 성격이 본래 남을 부러워하거나 시기하지 않는데, 다른 나라의 만분의 일도 못 보고 이런 맘이 들다니 어찌된 일인가? 내가 부족한 탓이다.'하고 스스로 반성했다.

박지원은 중국의 멋진 자연 경관을 보면서도 한양 도성을 생각하고, 웅장한 건축물에 찬사를 보내면서도 부러움 마음을 맘껏 표출하지 못하고 오히려 자신을 탓합니다. 그가 솔직하게 마음을 표현한 부분을 읽으면서 공감이 갔습니다. 외국 여행을 다녀온 어린이들이 다른 나라 문화유산을 보고 위대하고 멋지다는 표현은 했지만, 그래서 그 나라가 부럽다고는 하지 않았습니다. 저는 아이들과 함께 세계 유네스코 문화유산을 지도를 펼쳐보면서 이야기합니다. 각 나라의 문화유산은 그 나라의 자연환경과 역사를 바탕으로 만들어졌습니다. 서양 건축물은 돌을 이용해서 웅장하게 보이지만, 나무와 기와로 지어진 한국의 건축물은 자연과 어우러진 독특한 아름다움을 갖추고 있습니다.

이렇게 활용해 보세요.

글쓰기 도구 12. 기행문 쓰기 - Pair 기행문 쓰기

묘사 | 시각화하기 | 공감하기 | 순서이해

아이들이 기행문을 쓸 때는 주로 여행 일정을 줄줄 나열하는 방법으로 글을 씁니다. 또 여행지를 다녀왔지만 지리적인 위치나 공간에 대해서도 놓치는 경우가 많았습니다. 국어 교과서는 기행문을 여정, 견문, 감상을 중심으로 쓰라고 되어 있는데요. 이번에는 서술, 대화, 묘사의 방법을 익히면서 단계별로 나만의 기행문을 작성하도록 해 보겠습니다.

STEP 1 여행 일정 지도에 표시하기(여정)

여행의 일정을 지도상에서 찾아보고 그 일정을 자세하게 적어 보겠습니다.

STEP 2 가장 인상 깊은 Best 3 사진 붙이고 설명하기(묘사하기)

STEP 3 잊지 못할 추억이 담긴 에피소드 대화로 표현하기

아빠: 정흠아, 오늘은 빵 맛없어? 왜 안 먹니?

나: 아, 아니요. 아빠. 배가 많이 안 고프네요. 다 먹었어요.

아빠: 오늘도 관광하려면 많이 걸어 다녀야 할 텐데, 좀 더 먹어.

나: 아니. 괜찮아요.

나는 남긴 빵을 얼른 주머니에 속에 넣었다. 빵 두 조각을 손으로 꾹꾹 눌러 흘리지 않게 잘 넣었다. 방에 들어가서 가방에 물병과 지도를 넣고 호텔 밖으로 재빨리 나갔다. 그곳에는 조그마한 호수가가 있다. 어제도 내가 한참동안 따라 다닌 오리 가족들이 있는 곳이다. 나는 얼른 주머니 속에 든 빵을 꺼내 들어 오리들에게 주었다. 오리 가족들이 달려들어서 모이를 먹는 것을 보는 것이 정말 기쁘다. 저렇게 잘 먹는데, 빵을 더 가지고 올 걸하고 생각했다. 저렇게 잘 먹는데. 더 가지고 올 걸 했다. 그때 마침 아빠가 주머니 속에 있던 빵을 내게 건내 주셨다. 우리는 웃으면서 오리 가족 노는 것을 한참 동안 쳐다보고 있었다.

STEP 4 여행에 대한 느낌과 생각 표현하기

정흠: 아빠와 함께 여행했던 장면들이 한 번씩 떠오른다. 지금 생각해 보면 목적지에 도착하는 즐거움보다 아빠랑 목적지를 찾아다니면서 함께 걷고 간식을 먹으며 주위를 둘러보는 것이 더 재미있었다. 신기한 세상이 펼쳐졌던 것 같다. 루브르 박물관 갔을 때, 모나리자 그림 주변에는 관광객들이 넘쳐났다. 나는 키가 작았기 때문에 어른들 사이를 쏙쏙 지나면서 앞으로 가다 보니 모나리자 그림을 제일 앞에서 볼 수 있었다. 그것이 신기했다. 원근법을 이용해서 피사의 사탑 앞에서 탑을 밀어트리는 사진도 찍었고, 의자에서 일어나도 끊어지지 않는 피자 치즈도 너무 맛있었다. 아빠는 S 보드를 사주신다며 집에 있으라고 했었지만 S 보드를 포기하고 유럽 여행을 따라가길 참 잘 했다.

아빠: 정흠이에게 미술관에 있는 명화들과 유명한 유적지를 많이 보여 주려고 처음에는 무리해서 돌아다녔다. 하지만 아이는 건축물 앞에서 재밌는 포즈로 사진을 찍고, 조각상들의 손 모양을 따라 하면서 여행을 재밌게 즐기는 모습을 보았다. 그후 나의 시선은 유적지보다 아이가 보고 즐거워하는 곳에 멈추게 되었다. 나이가 들면 아이와 함께 찍었던 사진들을 보면서 추억에 잠길 거 같다.

5

세계의 빈곤, 게을러서 가난한 게 아니야!

책 소개

김현주 저/권송이 그림 | 사계절 | 2016년 03월 30일

전문가 분석표

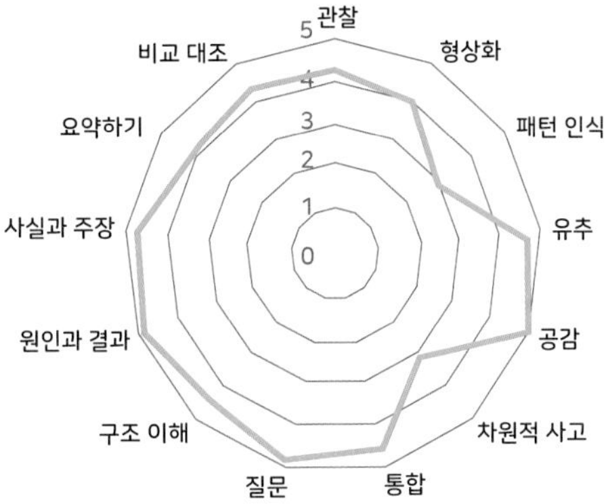

TV를 보다 보면 뼈가 앙상하게 보이는 어린이들이 힘없이 누워서 고통을 겪고 있는 모습을 볼 수 있습니다. 우리 아이들은 질병과 가난으로 고통받는 지구촌 곳곳에 사는 어린이들을 위해서 부모님과 함께 정기 후원을 하기도 하고 ,학교에서는 굿네이버스를 통해서 편지를 보내기도 합니다. 현대 사회는 과학 기술의 발달로 식량 생산량이 훨씬 더 늘어나고 국가 간의 무역은 더 활발해져서 국가 경제는 성장하고 있는데 왜 기아로 고통받고 있는 어린이들이 여전히 많을까요? 이 책은 세계의 빈곤이 생기는 원인에 대해서 다각도로 접근하고 구체적인 해결 방법도 함께 제시해 주고

있습니다.

책에서는 가난한 나라 사람들에 관한 편견을 바로 잡아 주며, 빈곤의 원인에 대해서 제국주의의 역사, 세계화, 나쁜 개발 원조로 설명하고 있습니다. 또한, 국제 사회의 이면을 냉철한 시각으로 말해 주고 있습니다. 지구촌 사회라고 하면 흔히 지구 안에 사람들끼리 마을을 이루며 다정하게 사는 모습을 상상할 수 있지만, 실제로 국제 사회 모습은 그렇지 않습니다. 세계화와 개발 원조의 이면에는 선진국, 부자 나라의 논리가 강하게 작용하고 있다는 것을 예시를 통해 알게 됩니다. 또한, 공정하게 개발 원조를 하는 방법과 기부를 받는 사람을 더 배려할 수 있도록 생각을 이끌어 줍니다.

유엔은 2016년부터 2030년까지 사랑, 지구, 번영, 평화, 동반자 관계라는 개념을 담아 '지속 가능 발전 목표' 17개를 설정하고 전 세계인이 함께 참여할 수 있도록 세부 방안을 제시하고 있습니다. 이 책은 세계의 빈곤을 없애고 가장 가난하고 가장 약한 사람들에게도 공정한 세상이 될 수 있도록 모두 함께 노력해야 한다는 것을 강조하고 있습니다.

이 책을 선정한 이유는 무엇인가요?

아이들과 대화를 하다 보면 월드비전, 굿네이버스, 세이브더칠드런, 유니세프 등의 단체에 후원을 하는 친구들이 꽤나 많고 자선 단체나 구호 단체에 대한 인식이 높다는 것을 알 수 있습니다. 그에 반해 어떤 아이들은 가난한 나라 사람들은 자신이 노력을 하지 않았기 때문이라고 하면서 도와줄 필요가 없다고 냉정하게 말하기도 하였습니다. 최근에 많은 사회단체들은 기아 체험, 물 나르기 체험, 페트병 신발 신어 보기 등의 체험을 통해 가난한 나라 아이들의 고통을 함께 겪어 보게 하면서 원조의 중요성에 대하여 교육하기도 합니다. 프로그램을 끝내고 돌아온 아이들은 가난한 아이들의 현실에 공감을 하기보다는 그날 체험이 너무 힘들었다는 생각이 더 컸습니다. 어린이들에게 기아 체험 프로그램은 아프리카에 사는 아이들은 이렇게 가난하고 힘들구나 하는 생각으로 끝나 버리게 될 수도 있습니다.

이 책은 가난 속에서 인권과 정의가 실현되지 않는 나라에 살아가는 사람들이 겪는 어려움의 원인에 대해 어린이들의 눈높이에서 설명해 주고 함께 해결 방안을 고민하도록 다양한 질문을 던져 줍니다. 저는 《세계의 빈곤》을 3가지 이유로 추천합니다.

첫째, 세계에 존재하는 빈곤의 원인에 대해 균형 잡힌 시각으로 접근하고 있습니다. 현재 지구상에는 전 세계 인구의 2배 이상이 먹고 살 수 있는 식량이 생산되고 있습니다. 하지만 지구상에는 약 8억 명 이상이 만성적인 영양실조를 겪고 있습니다. 빈곤을 겪고 있는 나라들은 제국주의 시대의 식민지로서 나라의 물자와 자원을 착취당했던 역사가 있습니다. 또한, 정치적으로 분열되어 있어서 경제적 피해는 회복하기 어려운 상황입니다. 현대에는 자유 무역으로 연결된 세계화를 통해 부자인 북반구와 가난한 남반구 나라들의 경제 격차는 계속 커지게 됩니다. 아프리카에서는 식량을 생산해도 제값을 받지 못하기 때문에 빈곤과 기아 현상이 개선되지 않고 있습니다. 또한, 국제식량기구를 통해 식량 원조가 이루어지지만, 원조를 받는 정부의 착취와 약탈로 자원이 고르게 분배되지 못하고 있습니다. 따라서 기아를 겪는 나라의 국민들이 아무리 부지런하게 일해도 사회 구조적인 문제점을 해결해 가지 않으면 빈곤을 해결하기 어렵다고 강조합니다.

둘째, 세계 기구의 역할에 대해서 알게 되고, 그곳에서 제시하는 통계 자료와 그래프 해석 능력을 키워줄 수 있습니다. 책에서 UN(United Nations), 미국 국제 개발청(USAID: United States Agency for International Development), 세계무역기구(WTO), 국제통화기금(IMF), 공적개발원조(ODA: Official Development Assistance), 미국 국제개발청(USAID: United States Agency for International Development)에서 만들어진 자료를 어린이들이 이해하기 쉽게 변형해서 사용하였습니다. 어린이들이 책을 읽으면서 국제 기구들의 역할과 통계 해석에 대해서 자연스럽게 익히게 됩니다. 또 한국에 사는 내가 살아가는 모습과 안전을 보장받지 못하는 나라의 어린이들의 모습을 비교해서 차이점을 인식하도록 하고 있습니다.

셋째, 빈곤을 해결하기 위해서는 식량 주권이 자국민에게 돌아가야 한다고 강조합니다. 식량 주권은 한 나라가 국민이 건강한 먹거리를 안정적으로 생산할 수 있는 권리를 말합니다. 남반구에서는 북반구에 수출하기 위해 커피, 코코아, 면화 농사를 짓지만 제값을 받지 못해서 가난과 굶주림에 처해 있는 경우도 많습니다. 선진국에서는 기부나 원조를 통해 가난한 나라를 물질적으로 도왔지만, 그들이 다른 나라의 식량 주권을 빼앗으며 자본을 빌려주고 이용했다면 이는 비난받아야 할 것입니다. 개발 원조에 관해서도 자신이 쓰고 남은 필요 없는 물건을 주는 것이 아니라 받는 사람들의 입장과 그들이 진정으로 원하는 권리에 대해서도 깊게 생각을 해야 할 것입니다.

책 속으로 (베스트 pick 3)

선진국들은 '세계화'란 말을 만들어 자기 나라의 기업이 가난한 나라를 무대로 사업을 하고 돈을 벌 수 있도록 무역에 따르는 모든 보호 조치를 없앨 것을 요구하기 시작했어요. 모든 상품과 자본이 어떠한 장벽도 없이 자유롭게 경쟁을 하게 되면, 전 세계적으로 무역의 양이 늘어나고 결국 그 혜택이 가난한 나라에도 돌아갈 것이라고 했지요. 가난한 나라의 정부가 취약한 자기 나라의 산업 경쟁력을 높이기 위해 취하던 보호 조치에 대해서는 공정한 경쟁에 어긋난다며 멈출 것을 요구했어요.

이 같은 세계화를 널리 퍼뜨리는 데는 선진국들이 주축이 되어 세운 세계무역기구(WTO: World Trade Organization)와 국제통화기금(IMF: International Monetary Fund) 같은 국제 금융 기구가 앞장섰어요. 가난한 나라는 이들 국제 금융 기구에 이미 많은 빚을 지고 있었기 때문에 이들이 원금을 돌려달라 하거나 이자율을 높여 가며 세계화의 흐름을 받아들이라고 으름장을 놓으면 이에 저항할 힘이 없었고요.

국제 금융 기구들은 국민의 삶에 직접적인 영향을 미치는 교육, 식량, 의료, 에너지 분야에 가난한 나라의 정부가 직접 개입해 돈을 쓰는 것도 공정한 경쟁에 어긋난다고 했어요.

세계화를 해서 교역을 해도 가난한 나라의 경제 상황이 나아지지 않는 이유를 알게 됩니다. 어른 축구단과 어린이 축구단이 경기를 하게 된다면 경기를 계속할 수록 어린이 팀은 다치게 되고 골을 넣기는 힘들다는 것을 비유적으로 이해할 수 있게 됩니다. 6-1 사회 교과서에서는 세계 여러 나라와 무역을 하다가 불리한 점이 생기면 자기 나라 경제를 보호하기 위해서 경쟁력이 낮은 산업을 보호하고 농업은 국가 유지의 기본이 되기 때문에 꼭 지켜야 한다고 강조하고 있습니다. 하지만 여기에 나오는 저개발 국가들은 자신들의 국가 기반을 커피와 초콜릿 재배에 빼앗겼고, 그 때문에 기아를 겪는 모습도 보입니다. 세계화의 이면에는 약육강식이 적용되고 있습니다.

공정함과 정의는 전 세계 사람들이 함께 추구해 나가야 할 것입니다. 다국적 기업들은 자신의 물건을 사는 고객들에게 값싸고 좋은 품질의 상품을 제공하는 책임에서 더 나아가서 그 제품을 만드는 사람들에게도 공정한 근로 기준을 적용하는 것이 기업이 사회적 책임을 다하는 방법입니다.

2010년에 2002년 월드컵 축구 경기 때 입던 지금은 쓸모없어진 응원 티셔츠를 헐벗은 아프리카 아이들에게 보내 주자는 뜻에서 '티셔츠의 기적' 캠페인을 벌였어요. 우리에게는 더 이상 필요 없는 물건을 가난한 아이들에게 보내서 아이들의 체온도 보호하고 한국 문화도 알릴 수 있다면 1석 2조라고 생각한 거지요. 이 캠페인은 텔레비전 광고에 나왔을 뿐 아니라 사람들의 호응도 커서 두 달 사이에 25만 장의 티셔츠가 모일 정도로 대단한 성공을 거두었어요.

그런데 문제는 거기서부터 시작됐어요. 25만 장에 이르는 막대한 분량의 티셔츠를 어디에 보내야 할지 찾기 어려웠거든요. 티셔츠를 모은 사람들은 막연하게 '아프리카의 헐벗은 아이들'에게 옷을 전해 주자고 생각했지만, 그 나라가 어딘지, 어느 마을에 몇 장의 티셔츠가 필요한지 알지 못했거든요.

미국 정부의 원조 기관인 미국 국제개발청(USAID: United States Agency for International Development)에서는 가난한 나라에 물건을 보낼 때 주의해야 할 점을 안내하는 책을 펴내기도 했어요. 이 책은 옷이나 신발을 모아 가난한 나라에 보내려는 사람들은 많은데, 실제로 이런 물건들은 현지에서 별 쓸모가 없거나 오히려 물건을 받는 지역의 경제와 문화, 환경에 해롭다고 지적하고 있어요.

기부 활동과 개발도상국에게 적정 기술을 전해줄 때도 원조받는 나라의 사회문화와 상황에 대해서 더 깊이 생각해야 합니다. 우리가 평소에 하는 기부 활동에 대해 선행을 했다고 스스로는 만족할 수 있지만, 그 선의가 도움을 받는 사람들에게 어떻게 도움이 되었는지 오히려 피해를 주지는 않았는지도 함께 고려해야 보아야 할 것입니다. 적정 기술(Appropriate Technology)은 주로 개발도상국 지역의 문화, 정치, 환경을 고려하여, 삶의 질 향상과 빈곤 퇴치 등을 위해 적용되는 기술로, 대안 기술, 국경 없는 과학 기술 등으로 일컬어집니다. 예를 들어 길이 험한 지역에서도 손쉽게 물을 길어 나를 수 있도록 설계된 '큐드럼(Q-drum)', 오염된 물에 빨대를 대고 빨아 먹으면 정수가 되어 깨끗한 물로 먹을 수 있는 '라이프 스트로' 등이 있습니다. 적정 기술을 통해서 만들어진 제품 중 각 나라의 실정에 맞지 않거나 가격이 너무 비싸서 제 역할을 못 하는 경우도 생기게 됩니다. 따라서 기술 원조나 기부에 관한 결과에 대해 피드백을 통해서 개선해 나가는 노력이 필요하다는 것을 아이들에게도 알려 주어야 할 것입니다.

유엔의 한 기관이 조사해 보니 최빈국과 부유한 나라 사이의 부의 차이가 점점 더 커지고 있다고 해요. 이는 국내총생산(GDP)을 비교해 보면 알 수 있어요. 국내총생산은 일정 기간 동안 한 나라에서 생산된 모든 재화와 서비스의 합을 뜻해요. 어떤 나라 사람들이 얼마만큼 잘사는지는 국내총생산을 전체 국민 수로 나눠서 비교해 보면 알 수 있어요. 이를 '1인당 국내총생산'이라고 하지요. 최빈국과 부유한 나라의 1인당 국내총생산은 차이가 얼마나 날까요? 1970년에는 최빈국과 부유한 나라의 1인당 국내총생산의 차이가 1:50 정도였어요. 그런데 지금은 그 차이가 거의 1:85로 커졌어요. 나라와 나라 사이에서도 빈익빈 부익부 현상이 더 심해진 거지요.

우리는 보통 경제 사정이 좋아지면 다 같이 평등하고 여유롭게 살 수 있으리라 생각하지만, 꼭 그렇지만은 않아요. 다 같이 나눠 먹을 파이가 아무리 커져도 목소리가 크고 힘이 센 친구가 혼자서만 큰 조각을 차지하려고 한다면, 모두에게 비슷한 크기의 파이가 돌아가기 어렵잖아요. 마찬가지로 경제 성장으로 세계가 부유해지는 것도 중요하지만 실제로 부자와 가난한 사람, 흑인과 백인, 높은 계급과 낮은 계급에 속한 사람들이 그 부를 얼마나 고르게 나누어 갖느냐가 더 중요한 문제이지요.

세계는 점점 빈부 격차뿐만 아니라 양극화의 문제가 커져만 가고 있습니다. 책에서는 경제가 성장할수록 파이가 커져서 모든 사람에게 골고루 간다는 이상적인 결과가 아니라, 소수가 파이 대부분을 가져가는 현상을 보여 주고 있습니다.

최근에 개발된 적정 기술 개발자와 기술이 필요한 저개발 국가를 연결해 주는 플랫폼인 '코페르닉(Kopernik)'은 인도의 비영리 단체가 운영하는 크라우드소싱 플랫폼인 '허니비 네트워크(Honeybee Network)'와 연결되어 있습니다. 코페르닉 플랫폼은 개발을 완료한 적정 기술이 저개발 국가의 주민들에게 전해질 수 있도록 기술 개발자와 저개발 국가의 주민들, 그리고 기부자 및 투자자 등을 이어 주는 목적을 가지고 있습니다. 저개발 국가를 위한 기술은 사용자의 입장에서 개발되어야 하는 것이 맞습니다. 이를 위해 다양한 아이디어를 모아야 합니다. 빈곤을 해결하는 방법이 기부와 원조를 통해서만이 아니라 실용적인 기술 혁신을 활용해야 할 것입니다.

이렇게 활용해 보세요.

글쓰기 도구 14. 새천년 개발목표 – 자료 해석하기, 실천하기

작가 의도 | 세부 내용 | 공감하기 | 원인과 결과

UN은 지속 가능한 개발 목표를 설정하여 전 세계 모두를 위한 더 좋고 지속 가능한 미래를 달성하기 위해서 노력하고 있습니다. 세부 내용으로는 빈곤, 불평등, 기후 변화, 환경 악화, 평화 및 정의와 관련된 문제를 포함하여 우리가 직면한 세계적 문제를 해결하려는 목표를 담고 있습니다. 17개의 목표는 모두 서로 연결되어 있으며, 모두가 함께 행복한 삶을 살기 위해서는 2030년까지 목표를 달성하도록 노력해야 할 것입니다.

1. 모든 형태의 빈곤 종결
2. 기아 해소, 식량 안보와 지속 가능한 농업 발전
3. 건강 보장과 모든 연령대 인구의 복지 증대
4. 양질의 포괄적인 교육 제공과 평생 학습 기회 제공

5. 양성 평등 달성과 모든 여성과 여아의 역량 강화

6. 물과 위생의 보장 및 지속 가능한 관리

7. 적정 가격의 지속 가능한 에너지 제공

8. 지속 가능한 경제 성장 및 양질의 일자리와 고용 보장

9. 사회기반시설 구축, 지속 가능한 산업화 증진

10. 국가 내, 국가 간의 불평등 해소

11. 안전하고 복원력 있는 지속 가능한 도시와 인간 거주

12. 지속 가능한 소비와 생산 패턴 보장

13. 기후 변화에 대한 영향 방지와 긴급 조치

14. 해양, 바다, 해양 자원의 지속 가능한 보존 노력

15. 육지 생태계 보존과 산림 보존, 사막화 방지, 생물 다양성 유지

16. 접근 가능한 사법 제도와 포괄적 행정 제도 확립

17. 이 목표들을 이루기 위해서 기업 및 의회, 국가 간의 글로벌 파트너십 활성화

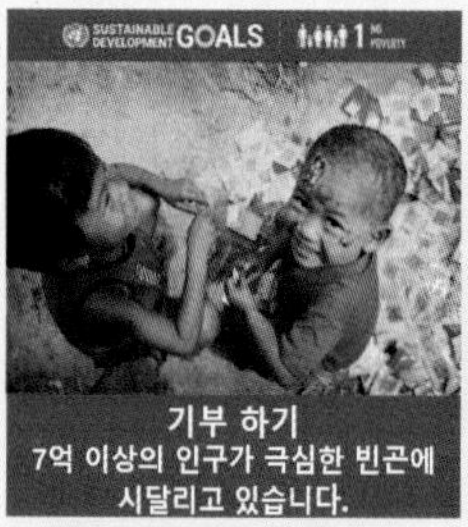

인프라 시설 구축 을 위한 기금 조성

빈곤층 후원하기

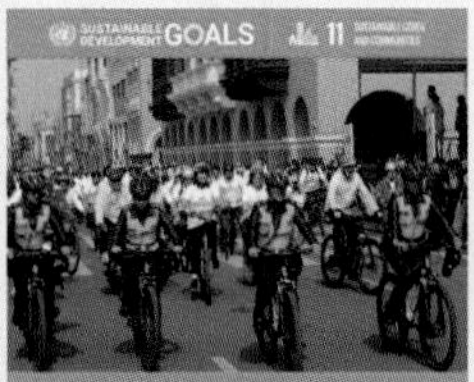

자전거, 걷기, 대중교통 이용하기

종이, 플라스틱, 유리 재활용하기

지구 온난화를 멈추기 위한 운동하기

바다 보호를 위해 비닐 사용하지 않기

환경보호를 위한 나무 심기

인권 운동 지지하기

글로벌 파트너십 활성화

UN에서 설정한 새천년 목표의 각 아이콘을 읽으면서 소개해 보고 내가 할 수 있는 행동을 적어 보세요. 어떤 목표가 가장 중요하다고 생각하나요?

읽은 책 제목 쓰기

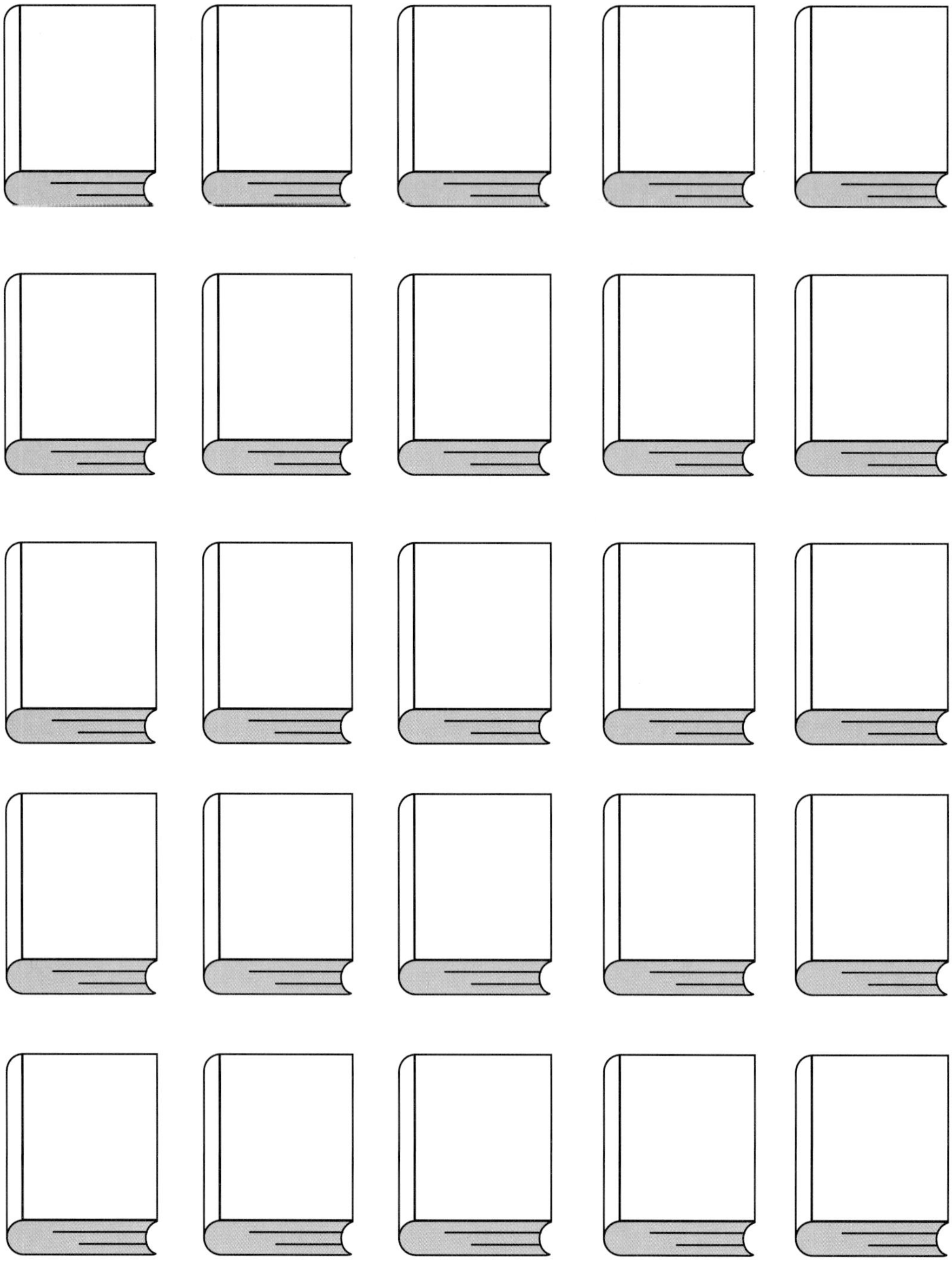

읽은 책 제목 쓰기

읽은 책 제목 쓰기

문학 독서 기록장

책 제목	
작가	

등장인물

배경

처음	중간	끝

이 책이 나에게 주는 의미

비문학 독서 기록장

서론

본론(주장1)	본론(주장2)	본론(주장3)
근거1	근거2	근거3

결론

비문학 독서 기록장

주장1
근거 1
주장2
근거2
이 글에 대한 나의 의견

초등 교과서 연계 우수 도서

우리아이 명품독서 20선

초판 1쇄 인쇄 2020년 7월 20일
초판 1쇄 발행 2020년 7월 27일

저자 이유미

펴낸이 박정태
편집이사 이명수 출판기획 정하경
편집부 김동서, 위가연
마케팅 박명준, 김유경 온라인마케팅 박용대
경영지원 최윤숙

펴낸곳 사이언스주니어
출판등록 제406-2014-000118호
주소 파주시 파주출판문화도시 광인사길 161 광문각 B/D
전화 031-955-8787 팩스 031-955-3730
E-mail kwangmk7@hanmail.net
홈페이지 www.kwangmoonkag.co.kr
ISBN 979-11-86474-06-8 03370
가격 16,000원